中国文化

哲学思想

吾 淳 著

五洲传播出版社

图书在版编目（CIP）数据

中国文化. 哲学思想 / 吾淳著. -- 北京 : 五洲传播出版社, 2025.1
ISBN 978-7-5085-5223-1

Ⅰ. ①中… Ⅱ. ①吾… Ⅲ. ①中华文化②哲学思想—思想史—中国 Ⅳ. ①K203②B2

中国国家版本馆CIP数据核字(2024)第088829号

中国文化系列丛书

主　　编：王岳川
出 版 人：关　宏

中国文化·哲学思想

著　　者：吾　淳
责任编辑：高　磊
图片提供：FOTOE　中新社
装帧设计：丰饶文化传播有限责任公司
出版发行：五洲传播出版社
地　　址：北京市海淀区北三环中路 31 号生产力大楼 B 座 7 层
邮　　编：100088
电　　话：010-82005927，82007837
网　　址：www.cicc.org.cn
承 印 者：北京圣彩虹科技有限公司
版　　次：2025 年 1 月第 2 版第 1 次印刷
开　　本：889×1194mm 1/16
印　　张：9.75
字　　数：200 千字
定　　价：88.00 元

目录

序

中国哲学博大精深。儒家的仁爱之心呈现了厚德载物的博大胸怀，是中华民族最优秀的品质，其崇高的精神已经融入中华民族的血液之中。道家的智慧无穷如天地，不竭如江河，为中华民族的生存发展提供了生生不息、周行不殆的深厚源泉和恒久动力。在历史上，中华民族总是会时时回到先贤先哲那里重温经典，聆听教诲，并反躬自问。今天的中国人也同样应当如此。事实上，以儒道思想为核心的中国哲学也是整个人类最重要、最宝贵的精神遗产，这里的品德与智慧堪与人类任何伟大的传统相媲美。

本书作为“中国文化系列”丛书的一个分册，是一本介绍性的读物，篇幅是有限的，面面俱到的叙述根本不可能，事实上也的确没有必要。人们在对 3000 年的思想投去“一瞥”时，许多无碍大局的细枝末节一定是被忽略掉的。不仅是哲学，文学、科学、艺术也都是如此。人的认知习惯是相同的，以近取譬，中国人最初了解西方的艺术、宗教、哲学，其实记住的也就是那么几个人物、几件作品、几本著作、几种思想。但当你为最初的观看或阅读也就是那“一瞥”留下的印象所吸引后，就会去作更深入的了解。

本书共分五个专题，依次是：世界的性质是怎样的、事物的关系是怎样的、社会的法则是怎样的、人生的取向是怎样的、认识的结构是怎样的。在我看来，这大概就是中国哲学的最基本问题群，当然，它们还包括许多具体问题。值得说明的是，上述五个方面中的一、二两项实则有深刻的宗教与知识背景，三、四两项涉及的是社会与道德问题，中国哲学的许多重大思考就是围绕这样四方面内容来展开的。我的近著《中国哲学的起源——前诸子时期观念、概念、思想发生发展与成型的历史》同样是按这四条线索来叙述的，这也是我对中国哲学的研究所取得的一点认识。当然，第五个方面的内容同样十分重要。有趣的是，一般来说，道家比较偏重于一、二、五这三方面内容。这与其对事物法则和宇宙本原这样一些更具本质和抽象意义的问题的兴趣有关，当然也与其深厚的知识背景有关。但这些哲学问题及其背后的知识又难以把握，也难以表述，因此道家呈现给我们一种独特的知识观和语言观。相对而言，儒家则更关心三、四、五这三方面内容。其实，儒家的修身、治国、内圣、外王理论正反映了这些内容：人生从认识即格物致知开始，然后经历修身即道德培养的过程达到理想人格即内圣的境界，最终付诸社会实践也就是实现齐家、治国、平天下的外王目标。对上述内容、结构及其与主要学派关系的了解或有助于阅读本书，也有助于通过本书的阅读把握中国哲学的最基本面貌。

为了比较完整地呈现中国哲学的问题与面貌，本书采用的是观念、概念、范畴与思想、理论、学说相结合的叙述方式。因为任何一种单独的方式都有可能会导致叙述与了解的缺陷。如只围绕概念或范畴来展开的话，我们就无法清晰地看到一些重大理论的面貌，包括一些思想家围绕某个问题所展开的精彩论述。但如果仅仅从理论、学说角度来叙述的话，又会忽略许多十分关键的重大概念及其所包含的重大观念。那么在区区 8 万字的写作空间里又如何选取或安排思想材料呢？我只能采用以点带面、以段带线的方法。所谓以点带面，首先就是突出重点，突出儒家与道家的思想，且尤其突出作为创始人的老子与孔子的思想。事实上，在老子与孔子这里，道家与儒家哲学的许多基本问题、思想及概念都已经形成了。其次就是尽可能地涵盖要点，如王充对于命的看法，又如先秦至南北朝时期有关形神问题的看法，这是为了尽可能保证完整性。而以段带线则是指以先秦时段为立足点。中国哲学中的许多思想与理论在先秦时期就已经获得基本甚至充分的展开，如儒家的人性理论、人格思想，道家的辩证观，因此今天的叙述也完全可以基于这段历史。当然，也有些问题如知行观是在后来逐步完善的，那么论述就应重视发展线索。然而，遗漏仍是在所难免的，这只能有待于读者更深入的了解。

本书的写作还有一些“特点”值得略作“提示”或“交代”。首先，本书叙述尽量注意呈现中国哲学自身的“样貌”。近代以来，尤其是当代，由于受西方哲学及思潮的影响，中国哲学叙述时的问题及所用语词变得很西方化，有时甚至使自己的“身份”变得十分模糊。本书试图尽可能地“还原”本来的“样子”。例如知识或科学对于中国哲学的重大影响，包括如何形成阴阳、五行、道、理这些概念，如何影响本原与规律问题；哲学与教化的紧密关系以及如何在社会层面得到落实，对此冯友兰先生就曾有过叙说；还有音乐审美在哲学思想中的特殊地位及意义、涉及信仰与知识线索时所表现出的连续性特征；等等。同时，由于本书所具有的“国际”性质，我在叙述中也多少涉及一些跨文化的比较，这或许会有助于读者阅读与思考的兴趣。这包括对神和占卜的态度，因不同知识背景而导致的在本原问题认识上的差异，还有涉及伦理问题时中国的家法族规与犹太教律法之间的相似性，等等，当然还不止这些。不仅如此，中国思维与哲学作为整个人类智慧的一部分，它与其他部分一定存在着共通性，也即存在着可对话性，这些应当就反映在那些问题、思想甚至概念之中。

我要感谢我 1998 年主编《中国哲学思想》教材的合作者崔宜明教授所做的相关工作，本书在一些地方甚至直接引用了原有叙述。我的博士生蒋开天帮助我核对了资料，并提出了一些有益的建议。当然，要特别感谢五洲传播出版社给予我这样一个介绍、传播中国哲学的机会，也要感谢出版社为本书配发图片以及将本书译为英文文本。

吾　淳

2013 年 12 月 10 日于上海

世界的性质是怎样的

世界的性质是怎样的？这是一个关于现象与本质的问题，也是几乎任何哲学都要涉及的问题。在西方，由于巴门尼德对存在的论证，柏拉图对现象可靠性的怀疑，亚里士多德对本质属性的探索，以及基督教哲学关于上帝的证明，使得对现象的关注与思考基本上从哲学中被排挤了出去。而中国古代则不然，现象与本质问题在哲学中各有自己的地位。本章的内容首先从“神”的问题开始，我们会看到，这其中既有多神信仰，也有无神观念。接着是“阴阳”、“五行”观念，我们在这里可以了解到早期中国人对于自然的看法，了解到这两种观念的发生发展以及如何成为中国哲学的核心概念。第三部分是古代中国人对于差异性与变易性的看法，这也是中国哲学在对现象的长期关注与思考中所形成的深刻认识。最后，中国哲学也对本质问题给予了思考，这既包括规律与法则问题，也包括本原与本体问题，所涉及到的重要概念有“气”、“道”、“理”，思维在这里的确朝着一般与抽象化的方向运动。

信仰观念的生成

如同世界上所有古老民族和文明一样，中国最早的观念也是信仰即“神”的观念，这样一种观念可以追溯到三代（夏、商、周）以前（即公元前 2070 年之前）的远古时期。而整个中国古代，这种在远古就形成的信仰或崇拜一直延续了下来。不过，从春秋（前 770—前 476）开始，中国的知识分子就表现出某种无神或弱神的倾向，之后无论是道家，还是儒家，都秉持了这样一种理性态度，其对中国思想界有着不可低估的影响。

神：中国哲学观念的宗教源头

就文字而言，“神”字在甲骨文中已大量出现。不过，“神”的观念无疑应产生得更早。对此，《国语・楚语下》中楚国大夫观射父对楚昭王的回答也即颛顼时代“绝地天通”的故事就是明证：

古者民神不杂。民之精爽不携贰者，而又能齐肃衷正，其智能上下比义，其圣能光远宣朗，其明能光照之，其聪能听彻之，如是则明神降之，在男曰觋，在女曰巫……于是乎有天地神民类物之官，是谓五官，各司其序，不相乱也。民是以能有忠信，神是以能有明德，民神异业，敬而不渎，故神降之嘉生，民以物享，祸灾不至，求用不匮。

河南安阳殷墟出土的刻有关于鬼神崇拜文字的甲骨

甲骨文拓片，所刻文字大意：是否需要以女奴隶为祭品，用于投到河里来祭河神？

及少皞之衰也，九黎乱德，民神杂糅，不可方物。夫人作享，家为巫史，无有要质。民匮于祀，而不知其福。烝享无度，民神同位。民渎齐盟，无有严威。神狎民则，不蠲其为。嘉生不降，无物以享。灾祸荐臻，莫尽其气。颛顼受之，乃命南正重司天以属神，命火正黎司地以属民，使复旧常，无相侵渎，是谓绝地天通。

这段话大致有以下几层涵义："古者民神不杂"至"在男曰觋，在女曰巫"，这是讲沟通神与人的巫觋；"于是乎有天地神民类物之官"至"求用不匮"，这是讲神人沟通的职官化；"及少皞之衰也"至"祸灾荐臻，莫尽其气"，是批评少皞之后出现的神人沟通的无序化；"颛顼受之"至"是谓绝地天通"，是讲颛顼时代神人沟通秩序的恢复。

之后，尽管在商周时期先后出现了"帝"和"天"的观念及语词（当然，"帝"、"天"实际也就是"神"），但"神"的观念依旧被保留下来，在商周时期的文献中，都有关于"神"观念的记载，如"肆类于上帝，禋于六宗，望于山川，遍于群神"（《尚书·尧典》），"维岳降神，生甫及申"（《诗·大雅·崧高》）。并且，在经历了商周时期的发展后，中国人的"神"观念已经最终得到确定，它体现于三个方面：祭天地、祭诸神、祭祖宗，而这实际已是"神"观念的形式化或仪式化。再往后，"神"观念主要是反映在道教与佛教的多神信仰当中，也反映在与其密切相关的功利需求当中。而这些实则都是中国信仰传统连续性的表现。[1]

1　对此，我们可适度扩大一下范围，对中国人信仰观念的判断或定性作一点延伸。按照马克斯·韦伯的说法，中国人的信仰是传统的，这无疑是与亚伯拉罕一神宗教系统比较而言。又根据张光直的理论，中国社会具有连续性的特征，而这种连续性显然也会在对神的态度上反映出来。但需要指出的是，中国这样一种信仰若与古代希腊包括早期罗马相比其实并没有什么本质区别。但希腊与罗马的信仰传统在基督教（以犹太教的信仰断裂或革命作为基础）传入之后就中断了，而中国则延续了下来。这种信仰传统也会在思维和观念上反映出来。关于上述连续性问题也可延伸阅读本人《中国社会的宗教传统——巫术与伦理的对立和共存》，上海三联书店 2009 年。

漫画：西门豹破除河伯娶媳妇的迷信。西门豹，战国时期（前475—前221）魏国人，是一位无神论者。他在屡遭水患的邺县（今河北临漳县西，河南安阳市北）任职时，得知当地女巫勾结乡官，假借为河伯（传说中的河神）娶妻榨取民财，百姓苦不堪言，遂巧妙地揭穿了骗局，并颁律令禁止巫风，教育了广大百姓。

无神论观念

另一方面，从春秋起，中国哲学逐渐发展起一种无神论的观念。这里所说的无神论并非是指对神的绝对排斥和否定，而是将神边缘化或弱化，否认其具有主宰的地位或意义；与此同时，或赋予宇宙以自然及规律的解释，或提升人的地位及对自身的责任性。而按照雅斯贝斯的看法，这实际就是理性的表现。[2] 如史嚚说："国将兴，听于民；将亡，听于神。"（《左传·庄公三十二年》）又如叔兴将陨石坠落和六鹢退飞都看作是纯粹的自然现象："是阴阳之事，非吉凶所生也。"（《僖公十六年》）再如晏子在齐有彗星，齐侯使禳之时回答说："天道不謟，不贰其命，若之何禳之？"（《昭公二十六年》）而孙子的无神论倾向更加明显："先知者，不可取于鬼神，不可象于事，不可验于度，必取于人，知敌之情者也。"（《孙子·用间》）这自然是作战的需要，即是科学军事观的生动体现。

春秋末年以后的道家、儒家、法家学者都继续着这一优良的理性精神和传统。例如《论语》中记述了孔子对于鬼神的理性立场：

> 敬鬼神而远之，可谓知矣。（《雍也》）

2　雅斯贝斯说：随着"轴心时期"的到来，"神话时代及其宁静和明白无误，都一去不返"，"理性和理性地阐明的经验向神话发起一场斗争"。卡尔·雅斯贝斯：《历史的起源与目标》，华夏出版社 1989 年版，第 9 页。

子不语怪、力、乱、神。（《述而》）
未能事人，焉能事鬼。（《先进》）

在这里，我们明显看到孔子远离鬼神的态度，甚至保持缄默。孔子认为，重要的不是鬼神对人的意义，而是人自身行为的意义。老子也是如此，如《老子》中有这样的表述：

吾不知谁之子，象帝之先。（《四章》）
以道莅天下，其鬼不神；非其鬼不神，其神不伤人。（《六十章》）

老子在这里虽未否认神，但却明显是将其地位与作用置于“道”的下面或后面，甚至于不多提。当然，这种无神论的态度还在“自然”这一概念和思想中充分体现出来。整个先秦时期，儒家与道家都基本遵循了上述思想传统。相比之下，法家的无神论立场愈加彻底。如管子说：“有地不务本事，君国不能壹民，而求宗庙社稷之无危，不可得也。上恃龟筮，好用巫医，则鬼神骤祟。”（《管子・权修》）韩非说：“用时日，事鬼神，信卜筮而好祭祀者，可亡也。”（《韩非子・亡征》）而西门豹治邺的故事更是为世人所熟知。除此之外，在名家、后期墨家以及医家那里，神的观念也同样都没有地位。

秦汉以后，诸子思想湮灭，道家为道教改造，无神变有神，甚至是多神。但归于一统的儒家学者却仍基本恪守先哲遗训，其中尤其是对淫祀之类保持着高度的警惕和拒斥，这与犹太教多少有几分近似。有意思的是，儒家精英的这种观念也影响到社会，在宋代（960—1279）以后一些家族的族训族规中我们就可以清楚地看到这一影响，如盘谷高氏的《新七公家训》中有“戒邪术”的条目，寿州龙氏的《家规》中有“戒邪淫”的条目，合江李氏的《族禁》中有“禁人会、禁从教、禁出家”的条目。这些无疑都是儒家思想传统深入社会的体现。遗憾的是，随着社会的变迁及文化的更迭，这种基于理性的优良传统已经面临消亡。而从根本上说，由于中国社会的整个信仰传统是连续的，大众普遍的多神信仰不会受制于哲人即小众的看法。

自然观念的形成

与此同时，观念形态也在知识活动中，也即在对自然的观察中生长起来。在中国，“阴阳”、“五行”就是此类最古老也最典型的观念。这其中，“阴阳”主要是沿“象”的知识发展起来的，“五行”主要是沿“类”的知识发展起来的。但“阴阳”、“五行”观念中也存在着巫术的孑遗，这种巫术孑遗以后会深刻影响到中国哲学，而这也正是中国文化连续性的表现。

阴阳、五行：中国哲学观念的知识源头

“阴阳”观念的前身或母体是对立观念。从人类史前思维的发生发展来看，对立观念具有某种普遍性。最初，对立观念很可能是从对对称现象的关注开始的，它起源于原始人对自身的观察和印象，也起源于在采集和狩猎活动中对动物与植物的观察和印象。此外，早期社会的胞族对立结构也同样会影响到对立观念的生成。[3]

中国神话传说中开天辟地、创造世界的盘古，是宇宙巨蛋破裂成天和地时诞生的一个巨人。

在中国，早期对立观念的生成已经可以得到考古学的证明。例如在骨、木记数中已经有了初步的多少意识；抛荒与轮作中已经有了丰歉、肥瘠意识；农具的使用表明有了效率也即快慢意识；储藏又会涉及大小、多少、深浅、久暂等观念。又如对比石斧与石楔，可知其中已有利钝、厚薄观念；在制陶中会涉及陶轮快慢、窑穴上

3 对此，许多学者都作过考察，如格罗塞、博厄斯从艺术史的角度，涂尔干、列维－斯特劳斯从社会学和人类学的角度。

河南淅川出土的涡纹彩陶壶，属新石器时代屈家岭文化（距今6800—4800年），绘有∽形图案。河南博物院藏。

下、火眼多少、温度高低等知识；在纺纱中会涉及纺轮大小、轻重、快慢以及织物粗细等知识；而建筑活动一定会涉及环境的燥湿、房屋的高低、础基的深浅以及构件的粗细长短等观念。

中国早期对立观念也在图形中广泛呈现出来。如仰韶文化彩陶上大量的鱼纹、人面鱼纹都是采取对称的样式，又屈家岭文化彩陶上还出现了∽形的构图，这很可能就是日后太极图的萌芽。[4]青铜器也是如此，其上面的动物往往是左右对称的，而这样一种现象很可能又是社会结构或制度的反映，因为殷王室本身就被分为昭穆两组。[5]继图形之后，符号对于对立及“阴阳”观念的确立具有重要的作用。自然，讲到符号就必然要提《易经》中的卦象—与--。《易经》本是占卜用书。作为占卜，—与--所代表的本是吉凶两种可能或结果，然而对立观念也就蕴涵于其中，如“小往大来”、“无平不陂”（《泰卦》），

4　参见张朋川：《中国彩陶图谱》，文物出版社1990年，第184—188页。

5　参见张光直：《美术、神话与祭祀》，辽宁教育出版社1988年，第63、64页。

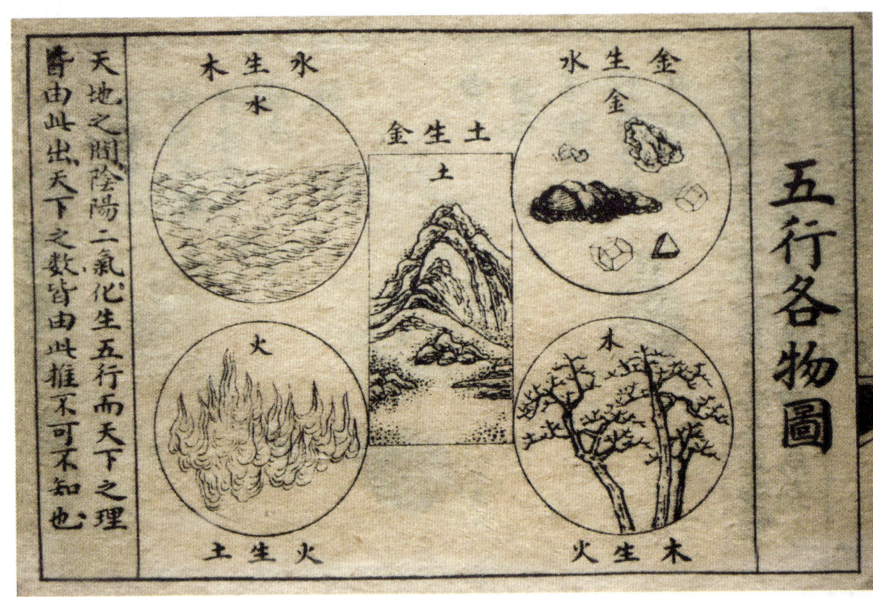

《绘图详注蒙学三字经》插图：五行各物图。民国初年锦章书局绘制。

“大往小来”、“先否后喜”（《否卦》）。尤其是，**—**、**--**符号已具有比较明显的阴阳内涵。黑格尔说：“人的意识，对于对象总是先形成表象，后才形成概念。”[6] 无论是图形还是符号都是这样一种表象，但它们却铺设了通往概念的道路。而符号又有更多优点，它更抽象同时也更具体；它有更宽泛且更确切的指代功能；它可以与概念结合使用。正因此，— 与 -- 日后在中国哲学史中成为表征对立关系的重要工具。

在此期间，对立语词也即广义的“阴阳”概念渐渐产生，《尚书》、《易经》中都有这样的语词。终于，在《诗·大雅·公刘》的“相其阴阳”中出现了“阴阳”这一语词。在此基础上，哲学观念层面的“阴阳”概念也形成了，此即《国语·周语上》中周太史伯阳父用阴阳二气失调来解释地震原因的著名论述：

> 夫天地之气，不失其序；若过其序，民乱之也。阳伏而不能出，阴迫而不能蒸，于是有地震。今三川实震，是阳失其所而镇阴也。阳失而在阴，川源必塞；源塞，国必亡。

6 黑格尔：《小逻辑》，商务印书馆 1981 年，第 37 页。

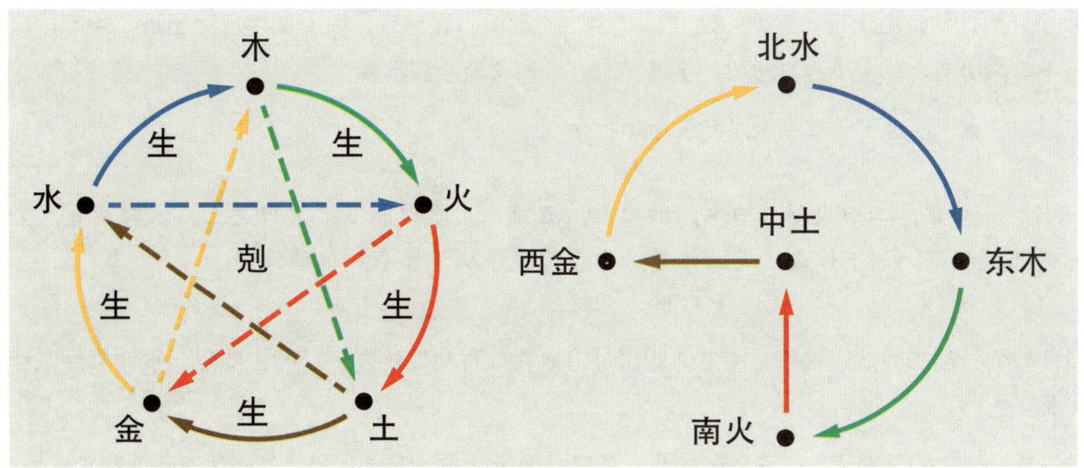

五行生剋方位图，程建军绘。

到了春秋末年，无论是广义或具体的“阴阳”概念也就是对立语词，还是狭义或抽象的“阴阳”概念都已大量出现，并且在纯粹或比较纯粹的哲学思考中得到充分的运用。如孙子说：“天者，阴阳、寒暑、时制也。”（《孙子·始计》）范蠡说：“阳至而阴，阴至而阳”，“后则用阴，先则用阳。”（《国语·越语下》）

早期观念的又一种形态是宇宙图式观念，即将整个世界归结为几种物事、现象甚至数字。这样一种宇宙图式可能因不同的民族、种族有所不同，但作为一种对世界的基本认知或理解，它是普遍存在的。[7] 中国的“五行”观念就是其中一种。

“五行”观念的源头可以追溯到“四方”即方位观念。《山海经》中就有明确的方位观念，如《海外南经》中记载：“昆仑虚在其东，虚四方。”并且方位又是与动物、风神甚至数字相对应的，如《大荒东经》中记载：“有蔿国，黍食，使四鸟：虎、豹、熊、罴。”考古学成果也可以为我们提供某些信息，如新石器时期彩陶纹饰上就有大量的十字形、米字形图案。这些图案不是偶然的或无意味的，它应当是某种普遍观念的反映，而这种普遍观念就是方位即“四方”观念。由史前社会确立的“四方”观念

7　列维－布留尔在《原始思维》一书中对此有丰富的记述。

在三代得到了延续，并且由于统一王朝的建立，“中”的意识凸显出来，如卜辞中已经出现“中商”概念：“庚辰卜，[illegible]中商。”（《乙》9078）于是“五方”观念渐渐露出端倪。

“五行”概念最早出现于《尚书·洪范》之中：

> **五行：一曰水，二曰火，三曰木，四曰金，五曰土。水曰润下，火曰炎上，木曰曲直，金曰从革，土爰稼穑。润下作咸，炎上作苦，曲直作酸，从革作辛，稼穑作甘。**

按照目前较为一般的看法，这段话的主要意思是沿事物或材料属性展开，即主要是对事物属性或世界本原的把握。

不过“五行”概念的早期涵义或许并非如此，其最初很可能与“五星”和“五材”这两个观念有关。就“五行”这一语词的知识背景而言，其当与商周时期高度发展的占星术有着密切的关系，“五行”原本可能就是指辰星、太白、荧惑、岁星、填星这“五星”。当然，“行”字也表明了“星”也即天体的运行，在春秋时期已经有这样的认识，如：“日月之行也，分，同道也；至，相过也。”（《左传·昭公二十一年》）又大约在西周（前 1046—前 771）末年以后，“五材”这一语词也出现了。春秋时期，这一概念的使用已经十分普遍，如：“故先王以土与金木水火杂，以成百物。”（《国语·郑语》）“天生五材，民并用之，废一不可。”（《左传·襄公二十七年》）我们由此可以想象，在早期，人们关注得更多的可能是事物的材用、使用、实用意义而非世界的本原问题。故“五行”概念实则是由“五材”和“五星”这两个具体概念结合而成，它们分别是以五星为内涵的“五行”概念和“五材”中所包含的金、木、水、火、土概念。这一结合或许正反映了以金、木、水、火、土即五材所代表的现实生活和由五行所反映的占星活动是当时人们最为关注的问题。前者与对日用生活资料的关注有关，后者则与国家的命运有关。《左传·昭公二十九年》中晋太史蔡墨的一段话清晰地记录了这一结合：“故有五行之官，是谓五官，实列受氏姓，封为上公，祀为贵神。社稷五祀，是尊是奉。木正曰句芒，火正曰祝融，金正曰蓐收，水正曰玄冥，土正曰后土。”在这里，我们不仅可以看到材用的因素，也可以看到占星的因素。由此，“五行”概念得到了广泛的运用：“天有六气，降生五味，发为五色，徵为五声。”（《左传·昭公元年》）“故天有三辰，地有五行。”（《左传·昭公三十二年》）“声不过五，五声之变不可胜听也；色不过五，五色之变不可胜观也；味不过五，五味之变不可胜尝也。”（《孙子·兵势》）

之后，“阴阳”、“五行”概念及思想对于整个古代中国哲学产生了极其深刻的影响。

巫术孑遗

然而，我们又要看到“阴阳”、“五行”这种世界观中所包含的神秘色彩或巫术孑遗。

如前所述，作为“阴阳”观念一个重要源头的《易经》，乃是作筮占之用。[8]《易经》的基本卦象也即—与--最初是一长两短的竹管或蓍草，代表吉与凶或利与害（也即贞与悔）两种结果。最早的筮占可能仅是一次，也即一筮。后来，人们感觉到仅靠一筮偶然性太大，于是就有了二筮、三筮。三筮或许是一个重要阶段，因为三筮既无一筮之偶然的不足，亦无二筮之相抵的困境，故曾有“卜筮不过三”一说。不过，以后占卜次数还是增加了，包括四筮、五筮乃至六筮。而在反复的占卜活动中，人们又渐渐发现了—与--的排列关系。如其中经三筮必然可以得到八种情况，即：☰、☷、☳、☶、☵、☲、☴、☱，也就是日后所说的八卦。同理，经六筮又必然可以得到六十四种情况，于是就有了“六十四卦”。不过，六十四卦的获得可能已经完全或主要不是基于占卜的需要，而是出于对排列的兴趣。总之，《易经》乃是筮占用书。然而就是这样一本筮占用书，自古以来却被视为群经之首，《易传》鼓吹说：

古太极八卦图。中间为阴阳鱼形环转相抱的太极图，俗称“阴阳鱼图”。周围为八卦符号。

8　中国古老的占卜活动可以追溯到龙山文化时期，主要是诉诸于卜骨。从殷周到春秋，中国人的占卜主要有两种方式，分别是龟卜和筮占。如《尚书·洪范》中说：“稽疑：择建立卜筮人，乃命卜筮，曰雨，曰霁，曰蒙，曰驿，曰克，曰贞，曰悔，凡七。卜五，占用二，衍忒。”这里的卜就是龟卜，筮就是筮占。雨、霁、蒙、驿、克分别是龟卜的兆象，即卜五；贞、悔则是筮占的卦象，即占用二。

南唐王氏墓志盖上的二十八宿（1964 年出土于江苏邗江古墓中），刻于南唐大保四年（946 年）。墓盖顶部内刻日、月、华盖和勾陈星宿、八卦，中部刻十二生肖，外刻二十八宿，墓志四面刻有四象之神，即苍龙、白虎、朱雀、玄武。

《易》与天地准，故能弥纶天地之道。（《系辞上》）

夫《易》，圣人所以崇德而广业也。（同上）

魏晋（220—420）玄学时期，《易》是三玄之一（另二玄分别是《老子》与《庄子》）；如今，它也在整个中国哲学史中被视作重要的哲学著作。这说明本应最为理性的知识分子或思想家群体也没有摆脱占卜或巫术传统，其保持了与传统信仰之间的紧密联系，而这一定会对中国哲学观念与思维造成深刻影响。[9]

“五行”观念也是如此。如前所见，“五行”观念起源于方位、占星等知识，而这些知识都在不同程度上与宗教活动及信仰相关。“五行”观念经春秋时期的发展，到战国（前 475—前 221）遂有阴阳

9　与此形成鲜明对照的是，在亚伯拉罕的宗教系统中，占卜是绝对被排斥或禁止的，这也被马克斯·韦伯称为“祛魅”。

五行学派，显赫一时。该学派的最大特点就是将各种自然现象如方位、季节、颜色、味道、音律、数字以及神祇一一对应起来。而在这些对应中，“五行”又最为核心。如《礼记·月令》：

> （孟春之月）其日甲乙，其帝大暤，其神句芒，其虫鳞，其音角，律中大蔟，其数八，其味酸，其臭羶。

《吕氏春秋·孟春纪》也与此相同。之后，这样的理论又广泛影响知识活动，同时也使其难免神秘内容。如《黄帝内经·素问·金匮真言论》：“东方青色，入通于肝，开窍于目，藏精于肝。其病发惊骇，其味酸，其类草木，其畜鸡，其谷麦，其应四时，上为岁星，是以春气在头也，其音角，其数八，是以知病之在筋也，其臭臊。”又如《淮南子·天文训》：“东方，木也，其帝太暤，其佐句芒，执规而治春。其神为岁星，其兽苍龙，其音角，其日甲乙。”至此，“五行”理论已经完全成为一种宇宙图式，其中不少内容神秘驳杂、荒诞不经。

顺便值得一提的是，之后，随着佛教的传入以及道教的产生，这些思想中的神秘内容也会对观念与知识产生深刻影响。如中国医学早在先秦时期就开始排斥巫术，但随着佛教咒禁术的传入，唐代医学也开始接受鬼神迷信和报应思想，而这实际上也就是巫术的回潮。

对于现象的观察和思考

中国思维从哺乳期开始就是在观察的怀抱中生长起来的，而这同样也影响到哲学思考。绝大多数中国哲人通常都不会脱离现象来思考问题，这可以说是中国哲学的一个重要特点。

差异即多样性观念

山西恒山悬空寺，峭壁上巨大的“和”字石刻。悬空寺是国内现存唯一的佛、道、儒三教合一的独特寺庙。下面的小字：恒山为五岳之一，儒禅道三家并存，和乃人类永恒主题。

关注现象，首先的一个结果便是世界的千姿百态、千差万别，由此便形成了差异即多样性观念。其实，在“阴阳”、“五行”观念中我们已经可以看到差异性或多样性的内容。随之，一个与差异性或多样性观念相关的语词出现了，这就是“和”。中国最早的“和”观念与音乐审美有关，文献记载可以追溯到《尚书·尧典》：

> 诗言志，歌永言，声依永，律和声。八音克谐，无相夺伦，神人以和。

在这段文字中我们看到了“律和声”、“八音克谐”这样的表述，看到了“和”、“谐”这样两个重要的概念，它是讲不同的音律或乐器之间应当保持谐和。

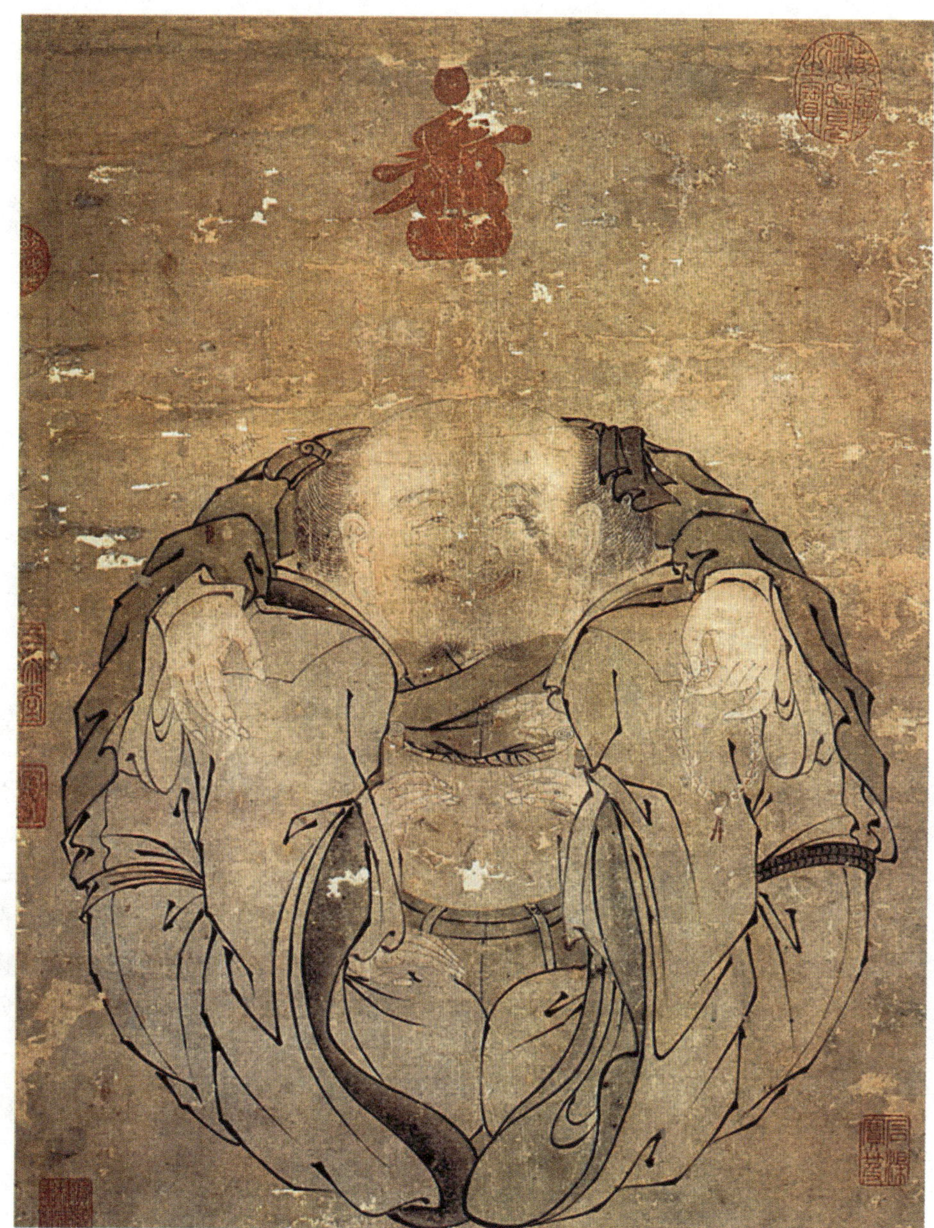

《一团和气图》，粗看是一笑面弥勒盘腿而坐，体态浑圆，细看却是三人合一。左为一着道冠老者，右为一戴方巾儒士，二人各执经卷一端，团膝相接，相对微笑；第三方则手搭两人肩上，露出光光的头顶，手捻佛珠，是佛教中人。作品构思绝妙，人物造型诙谐，用绘画的形式揭示了儒、释、道“三教合一”的主题思想。北京故宫博物院藏，绘于1465年，作者据考证为明宪宗朱见深。

春秋时期，人们对于多样性问题的认识更加深入，而这其中最具代表性的即是史伯与晏婴两人的论述。《国语·郑语》记载着史伯的一段话：

> 夫和实生物，同则不继。以他平他谓之和，故能丰长而物归之。若以同裨同，尽乃弃矣。故先王以土与金木水火杂，以成百物。……夫如是，和之至也。于是乎先王聘后于异姓，求财于有方，择臣取谏工而讲以多物，务和同也。声一无听，色一无文，味一无果，物一不讲。王将弃是类也而与剸同。天夺之明，欲无弊，得乎？

晏婴的论述见于《左传·昭公二十年》的记载：

> 和如羹焉，水火醯醢盐梅以烹鱼肉，燀之以薪，宰夫和之，齐之以味，济其不及，以泄其过。君子食之，以平其心。君臣亦然。君所谓可而有否焉，臣献其否以成其可；君所谓否而有可焉，臣献其可以去其否……今据不然。君所谓可，据亦曰可；君所谓否，据亦曰否。若以水济水，谁能食之？若琴瑟之专一，谁能听之？

史伯与晏婴所阐述的是一个思想：主张多样，反对同一。具体地，这又包含两层意思。其一是说明反对同一的理由，即“同则不继”、“以同裨同，尽乃弃矣”。这里的同一又有两个不尽相同的含义：一是单一，“声一无听，物一无文，味一无果，物一不讲”；二是相同，“若以水济水，谁能食之？若琴瑟之专一，谁能听之”。其二是陈述主张多样性的理由，乃在于多样性“能丰长而物归之”，即不同事物具有互生互补、相辅相成的作用，唯此方能“济其不及”，“以成百物”。以上论述包含着一个非常深刻的思想，即任何一类事物都不可能是完善的，都不可能成为事物的全部。值得我们注意的是，在史伯与晏婴有关差异性的论述中都使用了“和”这一概念，这一语词的意义很明确，就是多样性的统一。[10]

而上述客观认识又进一步会转换为以针对差异性为特征的主观方法，此可以孙子为例。如孙子指出，

10 之后，中国哲人又形成了参合或杂合的思想与方法，详见下一章“参合”。

作战方式的确定必须充分考虑不同的地形地理条件："夫地形者，兵之助也。料敌制胜，计险恶、远近，上将之道也。"（《孙子·地形》）孙子对于地理地形差异性的认识主要反映在《地形》、《九地》两篇中。《地形》将地分为六种："地形有通者，有挂者，有支者，有隘者，有险者，有远者。"《九地》将地分为九种："用兵之法，有散地，有轻地，有争地，有支地，有衢地，有重地，有圮地，有围地，有死地。"孙子强调，作战中针对不同地形所设计的方法是完全不同的。如"是故散地，吾将一其志；轻地，吾将使之属；争地，吾将趋其后；交地，吾将谨其守；衢地，吾将固其结；重地，吾将继其食；圮地，吾将进其途；围地，吾将塞其阙；死地，吾将示之以不活"（《九地》）。我们看到，孙子首先对地理地形作了很细致的区分，然后便依据不同之地制定相应的作战原则，这就使得作战具有相当大的针对性或科学性，从而也就保证了取胜的可能性。[11]

变易即变化性观念

现象不仅是千差万别的，而且还是千变万化的。如同多样性观念一样，变异性观念也是在长期的观察过程中逐步取得的。日来日往，月圆月缺，叶枯叶荣，花开花落，这些现象都会给处于童年期的人类留下深刻的印象。社会也是如此，处于不断变化之中。渐渐地，这也成为一种观念。如周人就意识到"天命靡常"（《诗·大雅·文王》），天命是时常变化的，它并不为某一统治者所固有。春秋时期的统治者对此有了更深切的体会，如史墨就有"社稷无常奉，君臣无常位，自古以然"，"三后之姓，于今为庶"（《左传·昭公三十二年》）的感叹。之后，战国时期的法家遂将此发展为变化历史观，如商鞅说："上世亲亲而爱私，中世上贤而说仁，下世贵贵而尊官。"（《商君书·开塞》）先秦后期，由于知识的发展，哲人们又形成了万物变化的看法，如荀子说："列星随旋，日月递炤，四时代御，阴阳大化，风雨博施，万物各得其和以生，各得其养以成。"（《荀子·天论》）

这其中，《易经》与《易传》对于变化问题的认识尤有见地，值得我们珍视。如《乾》卦之描写龙的位置的变化。其初九爻辞为"潜龙，勿用"；九二爻辞为"见龙在田，利见大人"；九四爻辞为"或跃在渊，无咎"；九五爻辞为"飞龙在天，利见大人"；上九爻辞为"亢龙，有悔"。再如《渐》卦之

11 而这一针对性方法又与"宜"思维或方法有着密切的联系，见下一章相关内容。

中国十二生肖剪纸艺术：飞龙在天

描写鸿的位置的变化。其初六爻辞为"鸿渐于干（山涧）"；六二爻辞为"鸿渐于磐（崖岸）"；九三爻辞为"鸿渐于陆（高平之地）"；上九爻辞为"鸿渐于阿（高陵）"。我们在这里可以清晰地看到事物的具体变化过程。以后，在此基础上，《易传》又对变化的不同形态作了区分，以社会历史为例，如《坤卦·文言》："臣弑其君，子弑其父，非一朝一夕之故，其所由来者渐矣。"又如《革卦·彖传》："天地革而四时成。汤武革命，顺乎天而应乎人。革之时，大矣哉！"前者是潜移默化，后者是革故鼎新。在此基础上，《易传》还就变化形成了十分经典的表述：

> 日新之谓盛德，生生之谓易。（《系辞上》）
>
> 《易》之为书也不可远，为道也屡迁，变动不居，周流六虚，上下无常，刚柔相易，不可为典要，唯变所适。（《系辞下》）

这些经典的表述对后来的思想产生了深远的影响。与此同时，《易传》也已经充分意识到事物变化的复杂性质，将其称为"神"。如："阴阳不测之谓神。"（《系辞上》）"神也者，妙万物而为言者也。"（《说卦》）这即是说变化是神妙莫测的。《易传》还强调宜时，即人事活动与事物变化的对应性。如："变通者，趣时者也。""六爻相杂，为其时物也。"（《系辞下》）事实上，这也是中国人普遍具有的观念。

在此以后，有不少哲学家都对变化的形式给予了思考，如范缜的欻与渐、张载的化与变、朱熹的渐化与顿变，而王夫之的"质日代而形如一"（《思问录·外篇》）思想则包含有对量变与质变关系的猜测。

同异与常变

但在对现象的观察与思考中，差异与变化并不是全部。

差异有其相对应的观念和概念，这就是“同”。这一语词在春秋时期已广泛使用，如我们在前面所看到的史伯的话：“夫和实生物，同则不继”，“以同裨同，尽乃弃矣”。战国时期，“同异”成为一对专门的范畴，并成为哲学所关心的重要问题。如惠施说：“大同而与小同异，此之谓小同异；万物毕同毕异，此之谓大同异。”（《庄子·天下》）荀子说：“同则同之，异则异之……故使异实者莫不异名也，不可乱也，犹使同实者莫不同名也。”（《荀子·正名》）事实上，这一问题在当时还为公孙龙、后期墨家以及《吕氏春秋》等许多学者、学派以及著作所普遍关注。又需要注意的是，同的问题与“类”的问题是密切相关的。类，包括分类、比类、推类，都涉及同的问题，或涉及同异问题。在公孙龙、后期墨家、荀子以及《吕氏春秋》的思想中，都大量涉及对类的问题的探讨。如《墨经》说：“名：达、

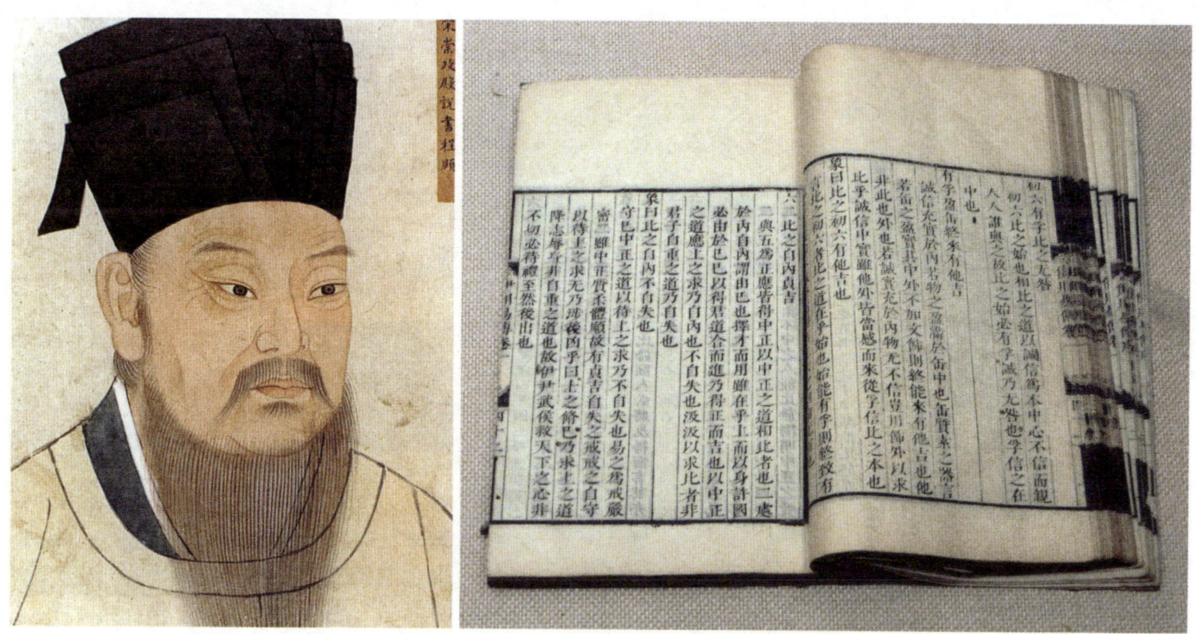

北宋理学家程颐（1033—1107）及其《程氏易传》（又称《伊川易传》）。《程氏易传》是程颐注解《周易》的哲学著作，其中包括阴阳、动静变化的思想和关于理欲的观点，反映了程颐从宇宙自然到社会人生的较系统的哲学思想。

类、私。”（《经上》）又说：“异类不比。”（《经下》）《墨经》还对同异与类的关系加以思考：“同：重、体、合、类。”“异：二、不体、不合、不类。”（《经上》）

同样，变化也有相对应的观念和概念，这就是“常”。如老子说：“复命曰常。”（《老子·十六章》）又如荀子说：“天行有常。”“天有常道矣，地有常数矣。”（《荀子·天论》）由此，“常变”也构成一对范畴。一些哲学家专门就这对范畴加以解释，如韩非说：“夫物之一存一亡，乍死乍生，初盛而后衰者，不可谓常。唯夫与天地之剖判也俱生，至天地之消散也不死不衰者谓常。”（《韩非子·解老》）与此同时，常变问题又与“动静”问题密切相关。如战国时期辩者提出“飞鸟之景未尝动也”（《庄子·天下》），东晋佛教哲学家僧肇写了《物不迁论》，提出“旋岚偃岳而常静，江河竞注而不流，野马飘鼓而不动，日月历天而不周”。这些论述或思想都深刻地触碰到动静问题。动静问题还与宇宙本原问题密切相关。老子与《易传》都主张静为动根，如老子说：“归根曰静。”（《老子·十六章》）《易传》说《易》是“寂然不动，感而遂通天下之故”（《系辞上》）。但也有哲学家主张动为静根，如王夫之说：“一动一静，阖辟之谓也。由阖而辟，由辟而阖，皆动也。”（《思问录·内篇》）

而进一步，“同”与“常”又都会涉及事物或世界的本质与规律问题，这也正是下面所要考察的内容。

对于本质和规律的探索

古代中国的哲人并非仅关注现象，他们也对深藏于现象背后的更为一般的东西加以思考。这一思考包括两个方向，其一是规律或法则，其二是本原与本体。比较表明，规律或法则问题在西方并未形成专门的哲学思考，究其原因，与不同的知识背景有关。西方本体论哲学很大程度上是在属性问题的知识背景下发展起来的，而中国对于本原问题的思考则与占星术即天文学有关，并且这一知识背景同时又导致了对规律问题的认识。同时，西方是原子论的，中国则是元气论的。当然，这其中又都会涉及物质与精神、个别与一般的关系。

道

关于本原及规律问题思考的第一个重要概念是“道”。

“道”早在《尚书》、《易经》等文献中就已出现，意指道路。西周末年以后，随着占星术即天文学的发展，“天道”这一概念广泛使用，以指天体运行规律。例如《左传・襄公九年》中士弱对晋侯有关天道提问的回答：“陶唐氏之火正阏伯居商丘，祀大火，而火纪时焉。相土因之，故商主大火。商人阅其祸败之衅，必始于火，是以日知其有天道也。”这时也出现了直接指天体运行规律的“道”，即：“日月之行也，分，同道也；至，相过也。”在这里，分是春分秋分，至是冬至夏至，道即黄道赤道。

老子是第一个将“道”作为最高哲学范畴并对之进行了系统研究的哲学家。值得我们注意的是，老子的“道”与天道观和宇宙论也即知识的内容有着紧密的联系。

清萧云从《天问图》（1596年作）。该图上部中间为一阴阳符号，表示古人对宇宙起源的认识。左为太阳，绘有中国古代表示太阳的三足鸟。右为月亮，绘有表示月亮的玉兔。下部中间为代表地域地形的方阵，周围是古人试图用来阐释宇宙和社会发展变化规律的八卦符号。外圈短线连接的链圈，为二十八星宿。12种动物表示一昼夜的十二时辰。

首先，我们来看天道观意义上的“道”，老子说：

天乃道，道乃久，没身不殆。(《老子·十六章》)
寂兮寥兮，独立而不改，周行而不殆。(《二十五章》)
大曰逝，逝曰远，远曰反。（同上）
反者道之动。（《四十章》）

老子以上的“道”实际就是直接由西周至春秋时期的天道而来。确切地说，这一天道的知识根源或背景就是春秋时期迅速并高度发展的占星术即天文学。基于这一视角来理解，“天乃道，道乃久”就是说天体运行都是有规律的，而这些规律具有恒久性；“独立而不改，周行而不殆”就是说天体运行遵循着自己的规律，这种规律的一个基本特征就是作周期性的循环运动；“大曰逝，逝曰远，远曰反”与“反者道之动”也是讲天体运行的循环往复、周而复始。在当时，已知的天体运行知识包括十二辰、二十八宿、太阳回归年、五星周期等，而所有这些都具有恒久且循环的规律特征。所以，我们在这里可以清晰地看出老子由“天道”而“道”的知识背景与逻辑进程。

其次，我们来看宇宙论意义上的“道”。这大致沿两个方向展开，其一是对宇宙结构或模样的猜测，老子说：

视之不见名曰夷，听之不闻名曰希，搏之不得名曰微，此三者不可致诘，故混而为一。其上不皦，其下不昧，绳绳不可名，复归于无物。是谓无状之状，无物之象，是谓惚恍。迎之不见其首，随之不见其后。（《十四章》）

道之为物，惟恍惟惚。惚兮恍兮，其中有象。恍兮惚兮，其中有物。窈兮冥兮，其中有精。其精甚真，其中有信。（《二十一章》）

应当看到，由于知识所限，当时人们对宇宙深处状态或模样的追问和探询只能是留下混沌的印象，也就是“恍兮惚兮”、“窈兮冥兮”。并且，这种感觉印象又一定会涉及语言问题，这其中最具代表性也最为后人经常引用的就是：

道可道，非常道；名可名，非常名。（《一章》）
吾不知其名，字之曰道，强为之名曰大。（《二十五章》）

这是因为在当时宇宙结构或模样问题已经超出了经验的范围，也就是“超验”，而对“超验”的“东西”的言说就非常困难。

其二是对宇宙起源与演化的猜测。老子说：

无名天地之始，有名万物之母。（《一章》）
有物混成，先天地生。（《二十五章》）
天下万物生于有，有生于无。（《四十章》）
道生一，一生二，二生三，三生万物。（《四十二章》）

这里讲到了宇宙的发生及其演化是自无至有，从少到多，由一而万。

但重要的是，老子的“道”显然又是超越天文知识的，也是超越天道观和宇宙论的，这正是老子的深刻之处。老子将天道观、宇宙论作进一步提升，并找到了居于天道观、宇宙论之上的“东西”，这个“东西”即是“道”，其具有更加“普遍”的法则和本原意义。

之后，庄子继承了老子的思想，他讲：“夫道……自本自根，未有天地，自古以固存；神鬼神帝，生天生地。”（《庄子·大宗师》）但庄子又指出“道”与“物”是没有界限的，道就在物中，所谓“物物者与物无际”（《知北游》）。这又显现出与老子的不同。再之后，《易传》也将“道”作为最高范畴。《易传》讲："《易》有太极，是生两仪，两仪生四象，四象生八卦，八卦定吉凶，吉凶生大业。"（《系辞上》）这里的"太极"也就是"道"，宇宙万物皆出于此。又讲："形而上者谓之道，形而下者谓之器。"（同上）即宇宙最初是无形的，叫做道；而万物则是有形的，叫做器。由此"道器"也成为一对范畴，以后持不同立场的哲学家如朱熹、王夫之都就此阐述了自己的观点。另外，《吕氏春秋》还使用了"圜道"这一语词来形容规律的循环性："日夜一周，圜道也。月躔二十八宿，轸与角属，圜道也。"（《圜道》）

魏晋时期是"道"理论发展的最后阶段。这一时期的哲学家王弼对"道"作出了新的解释，这主要体现为两个方面。其一，就"道"的理论而言，此前哲人主要关注宇宙的生成即本原问题，也就是从先后来思考道与物的关系。而王弼则表现出对本体问题的兴趣，也就是从本末或主次来思考这一关系。如王弼说：

> 老子之书，其几乎可以一言而蔽之，噫！崇本息末而已矣。（《老子指略》）

王弼还使用了许多重要范畴，如母子："母，本也；子，末也。"（《老子注·五十二章》）体用："故虽盛业大富而有万物，犹各得其德，虽贵以无为用，不能舍无以为体也。"（《三十八章》）动静："故万物虽并动作，卒复归于虚静，是物之极笃也。"（《十六章》）还有一多："夫少者，多之所贵也；寡者，众之所宗也。"（《周易略例·明象》）这些对立中，本、母、体、一、静为主，末、子、用、多、动为次。其二，由此也导致了核心概念的变化。在老子那里，"道"是最基本的概念，而"无"只是道的一种属性，这是本原思考的一种必然。但这种关系在王弼哲学中发生了颠倒，"无"成为了更为根本的概念。王弼说：

> 道者，无之称也，无不通也，无不由也，况之曰道。（《论语释疑》）

由以上考察可见，王弼向我们展示了其高超的分析能力和卓越的思辨水平，由此将"道"带到了一个新的本体论的高度。当然，其唯心主义倾向也清晰起来。

理

“理”是第二个重要概念，在一定程度上与“道”相衔接。

“理”概念早在先秦时期就已经产生，并且从一开始，这一概念就用来指事物或自然的规律。如管子说：“上逆天道，下绝地理。”（《管子·形势解》）庄子说：“物成生理谓之形。”（《庄子·天地》）韩非说：“凡理者，方圆、短长、粗靡、坚脆之分也。”（《韩非子·解老》）

在“理”概念的发展过程中，魏晋南北朝（220—581）及隋唐（581—907）应当是一个很重要的时期。在这一时期，“理”概念在科学中被广泛使用。如天文学方面杜预讲：“累日为月，累月为岁，以新故相涉，不得不有毫末之差，此自然之理也。”（《晋书·律历志下》）数学方面赵爽讲：“盖方者有常而圆者多变，故当制法而理之。”（《周髀算经注》）生物学方面郭璞讲：“万物变蜕，其理无方。”（《尔雅图赞·蚌》）地理学方面郦道元讲：“物无不化之理。”（《水经注·洛水》）医学方面皇甫谧讲：“病有浮沉，刺有浅深，各至其理，无过其道。”（《针灸甲乙经》）潮汐理论方面卢肇讲：“夫日之入海，其必然之理乎。”（《海潮赋》）上述“理”都有规律之义。之后，刘禹锡又从哲学的角度作了提炼：

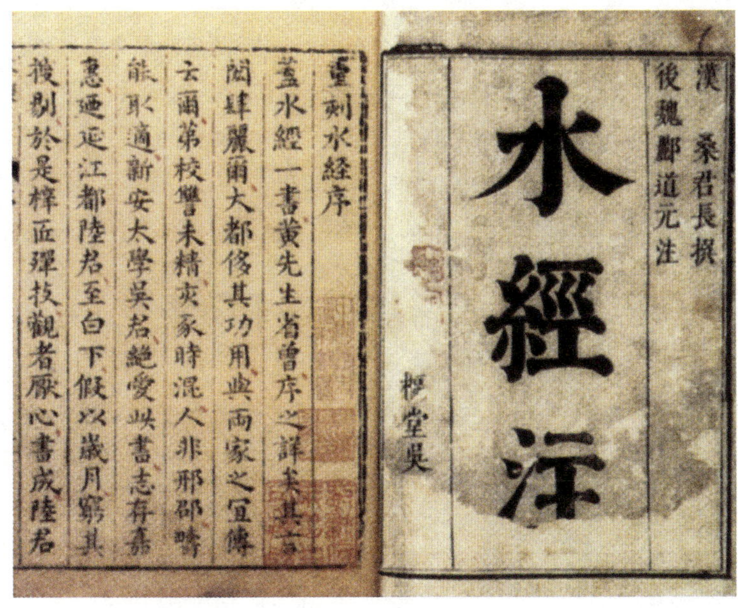

北魏郦道元著《水经注》（明嘉靖刻本），中国古代地理名著。

夫舟行乎潍、淄、伊、洛者，疾徐存乎人，次舍存乎人。风之怒号，不能鼓为涛也；流之溯洄，不能峭为魁也。适有迅而安，亦人也；适有覆而胶，亦人也。舟中之人未尝有言天者，何哉？理明故也。彼行乎江、河、淮、海者，疾徐不可得而知也，次舍不可得而必也。鸣条之风，可以沃日；车盖之云，可以见怪。恬然济，亦天也；黯然沈，亦天也。阽危而仅存，亦天也。舟中之人未尝有言人者，何哉？理昧故也。（《天论中》）

刘禹锡在这里既论述了天人关系，又论述了天人与理的关系，其中对规律的思考十分深入。宋代以后的不少思想家都继承了这一传统，如张载也将“理”视作规律，他讲：“万物皆有理。”（《张子语录中》）

这里值得我们注意的是，秦汉以后，有一个逐渐的由“道”而“理”的过程。究其主要原因，“道”与“理”虽然都具有规律或法则的含义，但就知识背景而言，二者却有所差别。“道”这一概念主要源自先秦时期天文学或占星术的发展，源自在此基础上建立起来的天道观。而“理”与此不同，从一开始，这一概念就与一般或普遍事物有关，且伴随着秦汉以后知识的广泛发展，“理”显然更具有“生存”的优势。

终于，到程朱理学特别是朱熹这里，“理”成为了中国古代后期哲学的一个核心概念。以朱熹为例，“理”主要有如下含义：第一，本原或本体，此乃沿“道”而来；第二，规律或法则，此亦沿“道”而来；第三，伦理或道德，这无疑是儒家的传统，其源头可以追溯到《礼记·乐记》中对“天理”“人欲”的界分。[12]这其中尤以第一个方面最为重要，因为它触及一场事关理气问题的重大争论。程朱或朱熹的观点十分明确。论先后：理在先，气在后；论主次：理为主，气为次。如朱熹讲：

未有天地之先，毕竟也只是理。有此理，便有此天地；若无此理，便亦无天地，无人无物，都无该载了。有理便有气，流行发育万物。（《朱子语类》卷一）

理也者，形而上之道也，生物之本也；气也者，形而下之器也，生物之具也。（《朱文公文集》卷五十八《答黄道夫》）

12 与此相关的理欲问题详见第三章的内容。

应当看到，朱熹对理气关系的思考触及到了哲学上一个根本性的问题，即一般与个别的关系。朱熹认为，个别的东西不可能总是向前追溯，其必然源自于某种非个别的东西；反之，一般绝不会仅仅依附于具体的事物，而是有普遍存在的理由。应当说，朱熹思考的正是哲学中最根本的问题，并且他的思考的确是很深刻的。但是，朱熹将一般与个别加以割裂，认为一般可以游离于个别而独立存在，甚至具有本原性和本体性，这就必然使他的理论陷于困境。也因此，朱熹哲学通常被定性为具有客观唯心主义的性质。

气

关于世界本原问题思考的第三个重要概念是“气”。

对于“气”这一语词作文字意义的解释，最早见于许慎的《说文解字》：“气：云气也，象形。”受许慎的启发，我们可以想象，自然以及人类活动都会形成“气”的现象，如云气、水气、由烧造而导致的火气、由祭祀而导致的焰气等。所以由此而形成的观念必定也可以追溯到很早的年代，如新石器时期，就是说“气”观念的形成无疑要早得多。当然，与水、火、木、金、土“五行”相比，“气”不具有物质性或有用性，因此其形成文字也应相对较晚。

北宋理学家张载（1020—1077），凤翔眉县（今陕西眉县）横渠人，人称横渠先生。因长年讲学于关中，故其学派被称为“关学”。

西周时期已有人试图用气来说明事物生成和变化的原因，如伯阳父论地震，医和论疾病。春秋时期，二气说与六气说广泛流行，如：

> 六气曰阴、阳、风、雨、晦、明也。（《左传·昭公元年》）

战国时期，“气”概念的使用已十分普遍，并且不少学者和学派都已将气视作是生命及宇宙万物的本原。如管子说：“精也者，气之精之也。”（《管子·内业》）庄子说：“人之生，气之聚也。聚则

为生，散则为死。”（《庄子·知北游》）

“气”思想的发展在东汉时期（25—220）达到了一个高峰，王充明确提出了元气自然论。具体来说，王充的元气自然论主要有以下内容。首先，天地万物都由气所生。王充说：

天地合气，万物自生。（《论衡·自然》）
万物之生，皆禀元气。（《言毒》）

其次，气的性质是自然的。王充说：“天地，含气之自然也。”（《谈天》）而所谓自然就是指没有任何意识。“谓天自然无为者何？气也。恬淡无欲，无为无事者也。”（《自然》）王充强调气的自然性质，其目的就在于否定神学目的论。此外，王充又说：“有血脉之类，无有不生，生无不死，以其生，固知其死也。天地不生，故不死；阴阳不生，故不死。”（《道虚》）这就是说气所凝成的人或物有生必有死，而作为物质元素的气不生不死，永恒存在。可以说，王充的元气自然论使得“气”本原论达到了最高的高度。

“气”思想的发展在宋代达到了又一个高峰，即从本原论阶段上升至本体论阶段。在此后的数百年时间里，气本体论逐渐趋于完善。在这一过程中，依次出现了一批著名的学者，如张载、王夫之等。

北宋的张载是气本体论的开创者。张载认为，整个世界都统一于气，这既包括有形的万物，也包括无形的太虚。张载所阐述的基本思想就是：太虚即气。张载说：

太虚不能无气，气不能不聚而为万物，万物不能不散而为太虚。（《正蒙·太和》）
太虚无形，气之本体，其聚其散，变化之客形尔。（同上）

我们可以看到，这种气本体论既与气本原论有所区别，即它不侧重宇宙的生成；也与道或理本体论有所区别，即它强调本体的物质性。而针对释老的虚、无、空观点，张载也论证了太虚即气的实在性。张载说：

知太虚即气，则无无。（同上）

作为物质性的气，只有聚散或有形无形的区分，而没有生灭或有与无的区别。同时，我们在张载以上论述中也可以看到物质永恒不灭的思想。

在此之后，许多思想家都对气本体论加以发展完善，其中尤以明清（1368—1911）之际的王夫之最为突出。王夫之的完善性工作主要体现为三个方面。第一，“气”在空间上是无限的。王夫之说：

> 气弥沦无涯而希微不形，则人见虚空而不见气。（《张子正蒙注·太和》）
> 阴阳二气充满太虚，此外更无他物。（同上）

这里的“弥沦天涯”、“充满太虚”正是对无限性的描述。王夫之的这一工作使得气本体论更加严密，它不给气以外的东西如道或理留下任何可插足的地盘。第二，针对《易传》与朱熹有关道器与形上形下的观点，王夫之强调：“道者器之道。”（《周易外传·系辞上》）这实则是对气至上论的有力支持。第三，进一步，为了尽可能避免将“气”作具体的理解，王夫之还从哲学层面对它进行更高的概括，这包括“实有”、“固有”、“诚”等范畴，如：

> 诚也者，实也；实有之，固有之也。（《尚书引义·洪范三》）

王夫之这里使用的“有”与道本体论中的“无”具有同等重要的地位和意义，它们都代表着一种高度抽象。

事物的关系是怎样的

事物的关系是怎样的？这是古代中国哲人所关心的又一个重要问题，并且这一点也与古代欧洲哲人的兴趣点十分不同。古代欧洲哲人主要关心事物的本质或性质，欧洲哲学可以说是在“是什么”的追问中发展起来的。但是中国却不一样。在中国哲学史中，最为突出的问题很可能就是关系问题。无论是在早期，还是在后期，对于关系的思考始终占据着最显眼的地位，它是绝大多数哲学家都会涉及的问题，并且绝大多数哲学家又都在这里形成共识。这种情形在欧洲哲学史中是少见的，这也可以说是中国哲学与西方哲学的重要区别所在。具体来说，中国人对于关系的看法大概主要有三个方面。其中天人关系可以说是最古老的关系问题，它很可能也是中国人关系意识或观念的最早形态。不过，中国哲人之于事物关系最深刻的思考是沿两个方面展开的，它们便是辩证观与整体观，在这里，中国哲学的精髓得到了最为充分的展现。

天人关系及其信仰和知识背景

天人关系可以说是最古老的关系问题，就目前所掌握的材料以及相关的研究来看，它很可能也是中国人关系意识或观念中最早趋于成熟的线索与形态。在中国古代思想中，天人关系是十分复杂的，它隶属哲学，却涉及宗教，也涉及知识。在宗教方面，又涉及天人相通与命概念，其中命概念又涉及天命与命运问题；而在知识方面，又不仅涉及天人之分、天人相胜等理论，也涉及宜、因、力等概念。

天人关系的信仰线索

宗教天人关系最初也是神人关系，它早在良渚文化时期（距今5000年左右）就已经显现出来。在良渚文化遗址中出土有大量的玉璧、玉琮，据《周礼》“苍璧礼天”、“黄琮礼地”可知，这些器物是祭祀天地之用。又有学者指出：“琮的实物的实际形象是兼含圆方的，而且琮的形状最显著也是最重要的特征，是把方和圆相贯串起来，也就是把地和天相贯通起来。”[13]之后这也影响到相关文字，如“申”：“申字乃象以一线联结二物之形，而古有重义。”[14]“所谓‘一线联结二物’就是指天和人而言，指‘申’是一种媒介物而言。”[15]其实，申字很可能就是由玉琮而来。而上述天人相通的观念正是宗教天人观的基础。

---

13 张光直：《中国青铜时代》（二集），三联书店1990年，第71页。

14 郭沫若：《甲骨文字研究·释支干》。引自《古文字诂林》第10册，上海教育出版社2004年，第1148页。

15 杨向奎：《中国古代社会与古代思想研究》上册，上海人民出版社1962年，第162页。

进入文明社会，天人相通的观念又通过王权神授的意识反映出来。例如《尚书》中天对人的惩罚："有扈氏威侮五行，怠弃三正，天用剿绝其命。"（《甘誓》）"夏氏有罪，予畏上帝，不敢不正。"（《汤誓》）"今予发，惟恭行天之罚。"（《牧誓》）这样一种天人相通的观念也影响到以后思想家的思想，其中最为典型的莫过于汉代董仲舒的"天人感应"、"天人相类"、"人副天数"理论。如董仲舒说："人之为人本于天，天亦人之曾祖父也。此人之所以乃上类天也。人之形体化天数而成；人之血气化天志而仁；人之德行化天理而义；人之好恶化天之暖清；人之喜怒化天之寒暑；人之受命化天之四时。人生有喜怒哀乐之答，春秋冬夏之类也。喜，春之答也；怒，秋之答也；乐，夏之答也；哀，冬之答也。天之副在乎人。"（《春秋繁露·为人者天》）"天以终岁之数，成人之身。故小节三百六十六，副日数也；大节十二分，副月数也；内有五脏，副五行数也；外有四肢，副四时数也；乍视乍瞑，副昼夜也；乍刚乍柔，副冬夏也；乍哀乍乐，副阴阳也；心有计虑，副度数也；行有伦理，副天地也。"（《人副天数》）无疑，这些都是十分荒谬的。这样一种天人感应理论后来遭到王充的猛烈批判。王充说："儒者论曰：天地故生人。此言妄也。夫天地合气，人偶自生也。犹夫妇合气，子则自生也。"（《论衡·物势》）又说："人不能以行感天，天亦不随行而应人。"（《明雩》）

战国时期的玉璧、玉琮，河南许昌张潘乡出土。河南博物院藏品。琮是中国古代用于祭祀的玉质筒状物，外型方内洞圆。在礼器中，璧用于祭天，而琮用于祭地。

商王武丁时期卜骨，河南安阳出土。卜骨本来是动物的骨头，约公元前1500年时就被占卜者用来预测未来。骨被烧灼后，反面会出现一些裂纹，巫师便根据这些纹路来判断祸福。占卜内容和结果也常被刻在卜骨上。

值得我们注意的是，在宗教天人观中，“命”这个概念十分重要。确切地说，“命”有二义，一是天命，二是命运，但二者都涉及与人的关系。

天命之义的天人关系很容易理解，此乃宗教天命论的题中之义。以周代为例，其宗教天命论的核心就是讲天人之间的“授受”关系，如“欲王以小民，受天永命。”（《尚书・召诰》）同时，周人也发展出了“顺”天命这样的关系观念，如“时惟天命，无违”（《多士》）。以后，这些观念也为儒家所普遍继承，如孔子就要求畏天命和知天命。孔子说：“君子有三畏”，首先就是“畏天命”，而“小人不知天命而不畏也”（《论语・季氏》）。孔子还说自己“五十而知天命”（《为政》）。而在《中庸》中，天命还与人性、道德、教化联系起来，如：“天命之谓性，率性之谓道，修道之谓教。”显然，这其中不乏神秘色彩，但这却为后世儒家所普遍接受，并成为一种共识。

这里我们将命运之义的天人关系作为重点加以考察。命运问题所考虑的也是人与外在环境或世界的关系。对命运的了解或把握最初是通过占卜来实现的，人类早期无不如此。以筮占为例，其所得到的两种卦象就是代表吉与凶两种结果，也就是与人的两种可能性关系。而在此基础上，便渐渐产生了命运之义的“命”观念。

儒家是讲“命”的。如孔子说：

> 死生有命，富贵在天。（《论语・颜渊》）
> 道之将行也与，命也；道之将废也与，命也。（《宪问》）

孔子表达了这样一种观点，世事并非人力尽能为之，有些只能交付命运安排。之后，孟子也接着说："莫之为而为者，天也；莫之致而致者，命也。"（《孟子·万章上》）还说："口之于味也，目之于色也，耳之于声也，鼻之于臭也，四肢之于安佚也，性也，有命焉，君子不谓性也。"（《尽心下》）喜欢安佚是人的天性，但能否得到则要看命运。同时，从孔子与孟子的论述来看，命运也是一种天命。

其实不特儒家，道家庄子也讲命，他说：

> 死生、存亡、穷达、贫富、贤与不肖、毁誉、饥渴、寒暑，是事之变，命之行也。（《庄子·德充符》）

按照庄子的看法："知其不可奈何而安之若命，德之至也。"（《人间世》）并主张"一受其成形，不忘以待尽"。反之，"与物相刃相靡，其行尽如驰，而莫之能止，不亦悲乎！终身役役而不见其成功，苶然疲役而不知其所归，可不哀邪！"（《齐物论》）与孔孟相比，庄子表现出了比较明显的宿命论倾向。

这样一种命运观自然会对以后的思想家产生影响。如王充这样一位极具批判精神的思想家同样也有着浓厚的命定论色彩。王充说，人"有死生寿夭之命，亦有贵贱贫富之命"（《论衡·命禄》）。又说："故夫遭遇幸偶，或与命禄并，或与命离。遭遇幸偶，遂以成完；遭遇不幸偶，遂以败伤。"（《命义》）王充在这里涉及到了必然与偶然问题，但他并没有解决好。结果，王充最终将命归结为气禀甚至骨相，由此得出荒诞的结论：

> 人命禀于天，则有表候见于体……表候者，骨法之谓也。（《骨相》）

应当说，王充对于"命"的解释本是从天道自然无为的原则出发的，但不幸的是，由于历史的局限，其最终仍陷入了神秘的泥沼之中。

而由以上考察也不难看出，关注命运之"命"是中国普遍的观念传统。

---

16 这样一种观念显然与托付上帝的观念存在差异，同时与强调自主的观念亦有分别。不过，从更完整的角度来考察，中国人的观念更可能是"谋事在人，成事在天"或"尽人事，听天命"，这比之一味顺从"命"似乎更为合理。

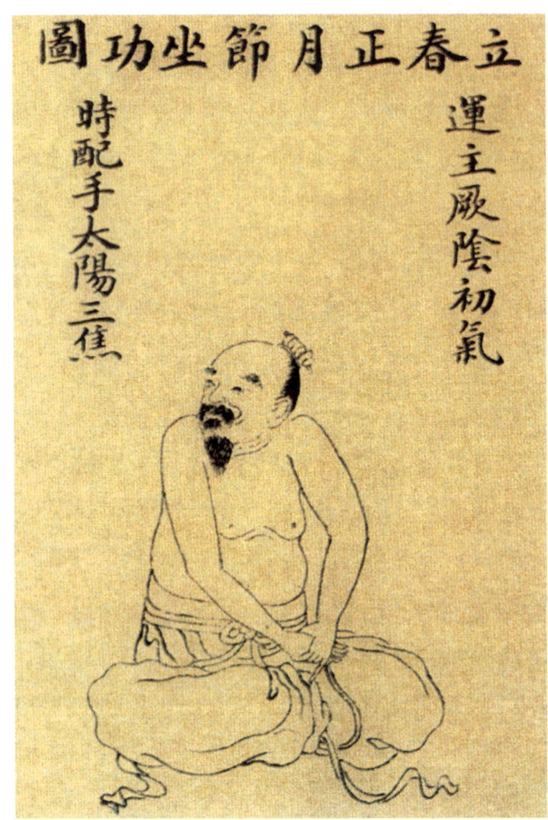

"立春正月节坐功图"，出自宋初道家隐士陈希夷的"二十四气坐功导治病"功法。陈希夷（871—989），名抟，字图南，自号"扶摇子"，安徽亳县人。他根据二十四节气的气运及其与人体经脉的对应关系，自创了"二十四气坐功导治病"功法，可养生治病。

天人关系的知识线索

知识线索的天人关系或自然天人观大抵也可以从两条线索来考察。

自然天人观的第一条线索是对客观规律的尊重与依赖，其尤其体现为两个重要的概念，即"宜"与"因"。

"宜"观念实际是在农业生产活动基础上形成的，具体包括宜时、宜地这样两个观念。夏商二代，宜时、宜地观念都有了一定的发展，这可以从《夏小正》、《尚书》的《尧典》和《禹贡》、《诗经》的《大雅·生民》和《大雅·公刘》等文献中看到。周代以后，"宜"观念渐趋成熟，有了概括与总结性的论述，如："以土宜之法辨十有二之名物，以相民宅而知其利害，以阜人民，以蕃鸟兽，以毓草木，以任土事。"（《周礼·地官·大司徒》）春秋时期，"宜"观念进一步完善和发展。如《周礼》、《管子》都就宜地问题作了更为细致的考察，其中在《管子》中，宜观念还与类或差异性观念结合起来："凡彼草物，有十二衰，各有所归。"（《地员》）又这一阶段在宜时的基础上，还出现了"从时"、"顺时"、"审时"的观念，如"度于天地而顺于时动，和于民神而仪于物则"（《国语·周语下》）。由此包含了更多遵循自然规律的含义。与此相关，"因"这一概念也产生了。"因"与"宜"有相同性，如《左传·昭公二十五年》："则天之明，因地之性。"这里的"因地之性"同样是表达宜地观念。但与“宜”相比，“因”似又更偏重于顺应的涵义，如《国语·越语下》讲：“必因天地之灾。”《管子·乘马》中讲：“因天材，就地利。”在这些论述中，顺应自然之意十分明显。这样一种观念是质朴的，同时也是率真的。春秋末年以后，“宜”观念已经大大越出天人关系范围，有了更大的延伸，如孙子将“宜”用于战争中，孔子将“宜”用于教育中，法家将“宜”用于政治理念中，《内经》将“宜”用于疾病治疗中，至于《易传》中的“宜”，则有了更富哲学色彩的理解。之后，“宜”观念在中国的知识与思想活动中始终占据着一席之地。

自然天人观还有第二条线索，就是对人的主观能动性的重视。

《尚书》已经提到人的作用问题，《皋陶谟》中有“天工人其代之”之说。不过最早对人的主观能动性作出深入思考的是荀子。荀子在天人关系上主张“天人之分”：“故明于天人之分，则可谓至人矣。”（《荀子·天论》）这里的“分”，主要是指职分也即职能。其中论及人的职能，荀子认为首先就是尊重客观规律或法则。荀子说：“强本而节用，则天不能贫；养备而动时，则天不能病；修道而不贰，则天不能祸。”“本荒而用侈，则天不能使之富；养略而动罕，则天不能使之全；倍道而妄行，则天不能使之吉。”（同上）同时，荀子又强调应在尊重客观规律的基础上尽量发挥人的主观能动作用，这体现在下面这段充满激情的文字之中：

> 大天而思之，孰与物畜而制之！从天而颂之，孰与制天命而用之！望时而待之，孰与应时而使之！因物而多之，孰与骋能而化之！思物而物之，孰与理物而勿失之也！愿于物之所以生，孰与有物之所以成。故错人而思天，则失万物之情。（同上）

荀子在这里一气举了六种能动的情况，充满了主动积极进取的精神，尤其是其中“制天命而用之”一句更成为著名的命题，这一人非被动的思想对后世产生了十分深刻的影响。如唐代刘禹锡就在此基础上进一步提出“天人交相胜”的思想。

值得我们注意的是，重视人为的思想又多与知识活动相关，并且常用“力”这一概念来表示，遂形成“力”与“命”的对立；同时，“力”还不仅仅针对命定论，其也在一定程度上针对土宜或风土论，由此又形成“力”与“宜”的对应。在一定程度上也可以这样说，对人为和人力的认识在知识活动中比在纯思想活动中取得了更为坚实的进展。

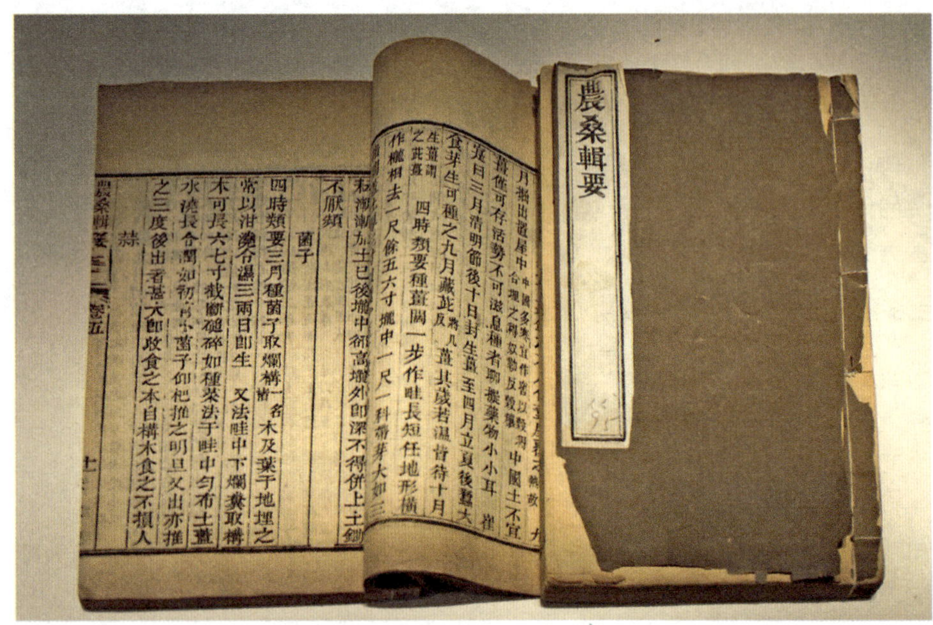

《农桑辑要》，中国国家博物馆藏。《农桑辑要》是元代初年由司农司编纂的综合性农书，成书于公元1273年，共七卷，主要记述农作物种植、养蚕、牲畜饲养和瓜果竹木、药物等方面的知识，是对元以前农副业生产经验的总结。

具体来说，我们看到早在秦汉之际，人为的意义就已经在知识活动中得到重视，例如《氾胜之书》中的区种法理论。至魏晋南北朝，伴随着炼丹术的发展以及道教思想家由此产生的信心，“力”与“命”的对立更加尖锐，如晋代葛洪就在《抱朴子内篇·黄白》中引《龟甲文》曰：

> 我命在我不在天，还丹成金亿万年。

无疑，“我命在我不在天”这一思想表现出了相当积极的人生观，对于传统的命运观念是一个极大的挑战。

此后，随着宋元时期园艺技术的发展，人们对植物品种的人工选择有了更多的认识，因此对人为和人力的认识也更加突出和深刻。如韩彦直的《橘录》说：“人力之有参于造化。”王观的《扬州芍药谱》说：“以人而盗天地之功而成之。”这样的认识也影响到农业生产，《农桑辑要》中就对“风土说”给予了驳斥。明清时期，这样的思想得到进一步加强，最典型的表述就是吕坤的：

> 人定真足胜天。（《呻吟语摘》卷上）

吕坤的依据是："夫冬气闭藏不能生物，而老圃能开冬花，结春实。"而这样的思想在当时可谓十分普遍，如丘浚说："土性虽有宜不宜，人力亦有至不至，人力之至，亦或可以胜天，况地乎！"（《大学衍义补》卷十四）马一龙说："知时为上，知土次之，知其所宜，用其不可弃，知其所宜，避其不可为，力足以胜天矣。"（《农说》）徐光启说："若谓土地所宜，一定不易，此则必无之理。"（《农政全书·农本》）陈**淏**子说："能审其燥湿，避其寒暑，使各顺其性，虽遐方异域，南北易地，人力亦可以夺天功。"（《花镜·课花大略》）显然，这都是园艺或农业技术不断发展提高的结果。可见，知识的进步也有助于思想的深入。[17]

总之，"力"这一概念及其思想的发展为我们提供了一个范本，从中可以看到哲学对科学的影响，同时也可以看到科学对哲学的深化。我们可以将这一类思想视为或称作科学哲学思想。

17 不仅如此，建立在知识活动基础上的思想由于其特有的真实性和坚固性，还会进一步影响其他思想家与哲学家，如清代章学诚也提出"人定亦能胜天"（《文史通义·天喻》）的观点，这无疑是受到了知识活动领域思想的影响。

辩证观

辩证观或辩证思维是古代中国哲学的一项重要成果。辩证观是以对立现象作为认识基础的，辩证观最基本的内容就是阐述对立性质或结构的普遍性。在进一步的发展中，辩证观又包括三种形式：对立双方的相互依存、相互转化以及对立的相对性。辩证观的确立，使得中国人在处理问题时采取完整而非孤立、变化而非静止、相对而非绝对的态度。

对立

如前面第一章所见，就对立思维的原始材料而言，几乎所有的民族或思维都是差不多相同的，并且在早期，几乎所有的民族或思维都对此有所认识。但是，这样一种认识日后在中国取得了极其充分的发展，并取得了相当成熟的形态，而在其他大多数民族或文明那里却并没有被充分发展起来。这一状况说明：绝不是所有的民族或文明都有可能充分发展对立思维。事实上，中国对立思维的发展绝不是具体对立认识简单累积的结果。对立认识在数量上增加到一定时候就不会再有意义，它的发展必须要有新的追加因素。这一新的追加因素就是对立的抽象或概括化形式。前面我们已经了解了图形与符号在抽象或概括化进程中的意义，这里我们再来考察最为重要的概念。

商周（约前 1600—前 256）以后，对立语词渐渐出现。经粗略统计，在《尚书》、《易经》这两部文献中所包含的对立概念有：左右、先后、上下、大小、刚柔、吉凶、从逆、往来（复）、轻重、平陂、泰否、大人（君子）小人、进退、出入、天地、初终、损益、有无、我彼，等等。春秋末年以后，对立概念已经大量出现。如《孙子》中有：死生、存亡、阴阳、寒暑、远近、险易、广狭、赏罚、胜败、劳

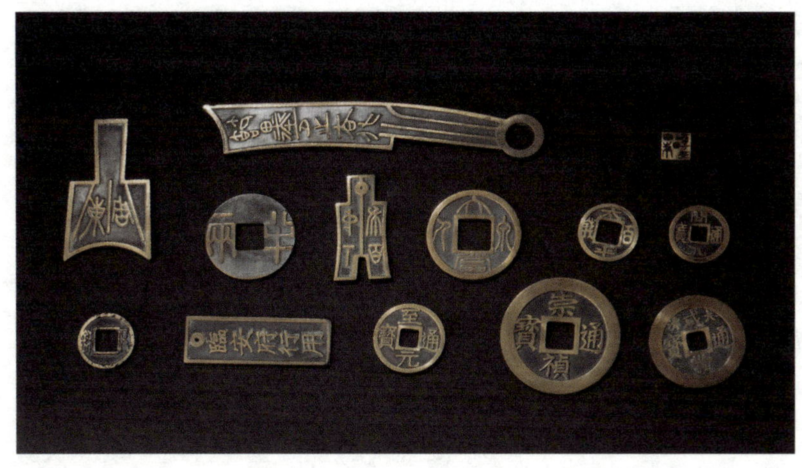

中国哲学中一直有奉行天圆地方的观念，反映在器物的造型上，一个典型的代表就是古代的方孔圆钱。自秦代确定了形制后，这种方孔圆钱一直沿用到清代，前后2000余年。

佚、多少、利害、小大、强弱、进退、上下、彼己、攻守、有余不足、天地、奇正、虚实、治乱、勇怯、安危、动静、方圆、止行、饥饱、众寡、前后、左右、短长、日夜、分合、往来、轻重、贵贱、刚柔、屈伸，等等。《老子》中有：有无、大小、多少、上下、先后、长短、轻重、主客、彼此、生死、正反、正奇、善恶、美丑、祸福、贵贱、荣辱、难易、进退、静躁、损益、成缺、盈冲、成败、与夺、新敝、兴废、治乱、利害、开阖、张歙、始终、明昧、曲全、刚柔、强弱、智愚、巧拙、辩讷、古今、盈虚、阴阳，等等。《易传》中有：阴阳、刚柔、盈虚、往来、寒暑、内外、长消、贵贱、上下、尊卑、进退、天地、乾坤、动静、男女、夫妇、君民、君子小人、吉凶、昼夜、水火、始终、死生、安危、治乱、存亡、得丧、奇偶、几著、离合、易险、屈伸、损益、常变、恒革、盈谦、泰否、剥复、既济未济，等等。这也广泛影响到科学活动，其中尤以医学最为典型，如《黄帝内经》中的对立概念有：阴阳、天地、男女、天人、上下、左右、顺逆、坚脆、清浊、动静、本末、徐疾、标本、厚薄、来去、前后、热寒、水火、燥湿、温凉、生死、盛衰、缓急、虚实、出入、大小、多少、彼此、补泻、成败、真邪、始终、喜怒、功利、表里、深浅、粗细、迎随、吉凶、偏正、奇恒，等等。

应当看到，对立概念实际上是对立思维的一种标志，它是将对立思维以概念的形式反映出来。同时，正是由于对立概念的大量出现或普遍运用，也为辩证思维的发展奠定了坚实的基础。春秋时期，已经有高度概括的“两”或“贰”的概念，如：“物生有两……体有左右，各有妃耦，王有公，诸侯有卿，皆有贰也。”（《左传·昭公三十二年》）这其中我们又特别要注意“阴阳”概念的使用及其意义。如《老子》说："万物负阴而抱阳。"（《四十二章》）《易传》说："一阴一阳之谓道"，"阴阳不测之谓神。"（《系辞上》）"阴阳"概念的广泛使用有着重要的意义，它为思想的表达与交流提供了有效和便利的工具。此外，我们在韩非的思想中也看到了更接近于我们今天表述所使用的"矛盾"概念："夫不可陷之盾与无不陷之矛，不可同世而立。"（《韩非子·难一》）这些概括性的表述对于以后对立观念的展开无疑具有奠基的意义。正是以此为基础，以后如张载讲："物无孤立之理。"（《正蒙·动物》）朱熹讲："不能独阴必有阳，不能独阳必有阴，皆是对。"（《朱子语类》卷九十五）总之，对立观念贯穿了一部中国哲学史的始终。

中国成语"自相矛盾"的典故就是对立思维的一个典型，出自《韩非子》：某人卖矛又卖盾，说他的矛和盾都是最好的，当被问及"用你的矛刺你的盾如何"时，此人无以对答。

依存

辩证观的进一步发展必然会对依存问题作深入探讨。

一部《老子》是对依存问题作深入思考的经典范例。老子认为，事物对立的两个方面是共生共存、相辅相成的："有无相生，难易相成，长短相形，高下相倾，音声相和，前后相随。"（《老子·二章》）在这里，老子对对立现象相伴随的普遍性作了具体细微的举述。人的活动也是如此："天下皆知美之为美，斯恶已；皆知善之为善，斯不善已。"（同上）"故善人者不善人之师，不善人者善人之资。"（《二十七章》）美与丑、善与恶总是相互伴随并且相比较而存在的，所以知道了美也就知道了丑，知道了善也就知道了恶，因为后者恰恰就是前者的对立面。老子还指出，当对立性质以显性的方式表现出来时，人们往往可以清楚地看到；而以隐性

中国太极图表示阴阳互补，相反相成，相灭相生。

的方式存在时，人们则往往容易疏忽，故老子又以损益和祸福为例提醒人们注意这一点：

> 物，或损之而益，或益之而损。（《四十二章》）
> 祸兮，福之所倚；福兮，祸之所伏。（《五十八章》）

从以上的考察中我们可以清楚地看到，老子不仅是在揭示一种客观现象，而且还在营造一种思维习惯：对立现象是普遍存在的，这理应也成为一种最一般的意识。

与《老子》一样，《易传》也强调对立面的共存和相辅，如“天尊地卑，乾坤定矣；卑高以陈，贵贱位矣；动静有常，刚柔断矣”（《系辞上》）。但与老子不同的是，《易传》特别关注对立面的相互作用，如：

> 是故刚柔相摩，八卦相荡。（同上）
> 刚柔相推而生变化。（同上）

这里的“摩”、“荡”、“推”都是指对立面的相互作用。《易传》还涉及一个重要的思想，即事物的存在不是以相同的东西而是以不同的东西作为基础。这一思想在史伯“和实生物”的思想中已有表述，但史伯是从多样性出发的，而《易传》则是从对立性出发的。以《睽》、《革》二卦为例。《睽》卦卦象䷥是下兑上离，《革》卦卦象䷰是下离上兑，离为中女，兑为下女。故此二卦均解释为“二女同居”。《易传》认为：“二女同居，其志不同行。”（《睽卦·彖传》）“二女同居，其志不相得。”（《革卦·彖传》）即二女性质相同，然而性质相同的事物是相斥的，不可能构成统一。那么怎样才能实现统一呢？《易传》认为，唯有差异或对立才能构成统一。“天地睽而其事同也，男女睽而其志通也，万物睽而其事类也”（《睽卦·彖传》）。睽是分是别。《易传》向我们揭示：差异或对立是统一的前提。这一思想十分深刻，它与黑格尔的下述思想是一致的：“那自身等同的却排斥它自身，而那自身不等同的东西却被设定为自身等同的。”[18] 此外，《易传》也已经意识到对立双方存在着主次地位问题，如“天尊地卑，乾坤定矣”，这无疑是认识进一步深化的表现。不过，在《易传》中，凡属阳、刚的都归入乾

---

18 黑格尔：《精神现象学》上卷，商务印书馆 1979 年，第 106 页。

卦，居于主要地位；属阴、柔的则都归于坤卦，居于次要地位。这种划分显然是服从于某种先在的原则，固化了主次关系，由此陷入了思维的误区。

之后，宋明时期的哲学家又在此基础上就对立与统一的关系问题作了深入的思考，如张载说："两不立则一不可见，一不可见则两之用息。"（《正蒙·太和》）朱熹说："两在故一存也，两不立则一不可见。"（《朱子语类》卷九十八）方以智说："有一必有二，二皆本于一。"（《东西均·反因》）王夫之说："合二以一者，既分一为二之所固有矣。"（《周易外传·系辞上》）这些都将对立依存问题推向新的高度。

转化

转化是辩证思想中又一重要内容。

对转化的关注最初也是起源于对自然的观察，如暑极寒至，冬去春来；日中则昃，月盈则亏。相关文献记载最早可以追溯至《易经》，其中的《泰卦》、《否卦》已包含有明显的转化思想，如"小往大来"、"大往小来"、"无平不陂，不往不复"、"先否后喜"。

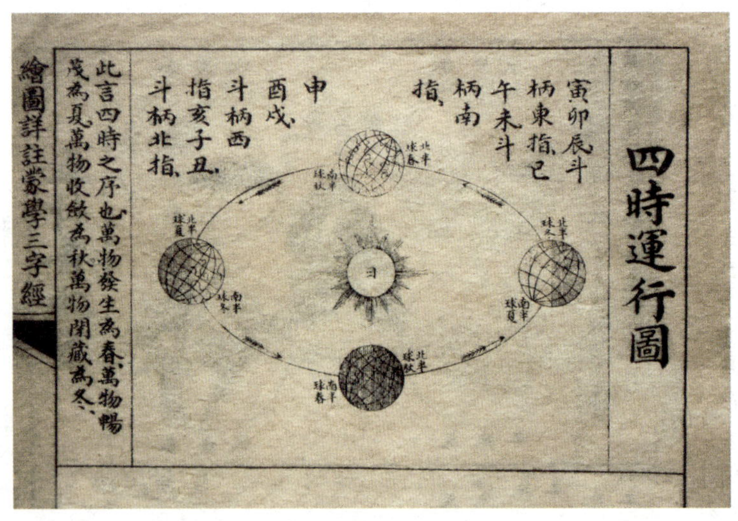

《绘图详注蒙学三字经》插图：四时运行图，民国初年锦章书局绘制。

春秋时期，事物转化已经成为一种常识，许多思想家都对此有所论述。如史墨引《诗》曰：“高岸为谷，深谷为陵。”（《左转·昭公三十二年》）又管子说：“爱者，憎之始也；德者，怨之本也。”（《管子·枢言》）这表明这一时期的思想家已经懂得：一切事物的否定因素恰恰就蕴含在该事物本身。春秋末年，孙子在军事领域中对转化问题作了深入的思考。如孙子讲：“乱生于治，怯生于勇，弱生于强。”（《孙子·兵势》）尤其突出的是，孙子还赋予转化以主观方法的意义，如“投之亡地然后存，陷之死地然后生”（《九地》），这是变自己弱势为优势的转化；“故敌佚能劳之，饱能饥之，安能动之”（《虚实》），这是变敌人优势为弱势的转化。转化作为方法出现十分重要，它使得辩证法名副其实，这也是中国哲学的一个特点。

不过，对转化问题作深入哲学思考的还应首推老子。老子在广泛观察与深入思考的基础上，提出了转化的普遍性。例如：“正复为奇，善复为妖。”（《老子·五十八章》）“兵强则灭，木强则折。”（《七十六章》）特别是这样一些名言：

反者道之动。（《四十章》）
物壮则老。（《五十五章》）

事物强壮了就必然要走向它的反面，这是亘古不变的自然法则。这些名言不仅成为老子哲学智慧的标志，甚至也成为中国哲学智慧的标志。与孙子一样，老子也对转化的应用或实践问题给予深刻思考，并且较之孙子，老子的思考更富有哲学的智慧。老子提示了两种基本类型。其一是“将欲歙之，必固张之；将欲弱之，必固强之；将欲废之，必固兴之；将欲夺之，必固与之”（《三十六章》），这是促进转化的方法。其二是“曲则全，枉则直，洼则盈，敝则新，少则得，多则惑”（《二十二章》），这是推迟转化的方法。在这里，我们不能不叹服老子的智睿。自然，这也是中国人的智睿。

战国时期，《易传》对于转化问题的思考达到了又一个高度。与老子一样，《易传》也认为转化是普遍必然的，并且将转化看作是一种循环往复的过程。如：“日往则月来，月往则日来，日月相推而明生焉。寒往则暑来，暑往则寒来，寒暑相推而岁成焉。”（《系辞下》）“一阖一辟谓之变，往来不穷谓之通。”（《系辞上》）其实只要承认转化，也就必然会得出事物具有循环往复性质的结论，老子亦如此。同时，《易传》也认为，物至其极便是转化的开始：

易，穷则变，变则通，通则久。（《系辞下》）

但是在面对转化的问题上，《易传》与《老子》的策略有所不同。老子总的来说是主张通过处于柔弱的位置来避免或延缓转化。而《易传》是主张刚强的，于是为了避免过快转化，《易传》提出了以下建议：其一，“君子安而不忘危，存而不忘亡，治而不忘乱”（同上）。即居安思危，要有忧患意识。其二，“富有之谓大业，日新之谓盛德。生生之谓易”（《系辞上》）。即革故鼎新，不断自我修正。

由以上考察可见，早在春秋战国时期，古代中国的思想家们就已经对转化问题作了十分深入的思考，这其中既涉及客观规律，也涉及主观方法，由此使得转化理论达到了一个很高的水平。而在之后的中国哲学史中，转化的思想也一直有所体现，如程颐就明确提出：“物理极而必反。”（《周易程氏传》卷一）朱熹也说：“柔变而趋于刚，是退极而进；刚化而趋于柔，是进极而退。”（《朱子语类》卷七十四）

相对

对事物对立性质的充分认识，又必然会激励思想家们对如下这一问题作深入的思考，即对立是绝对的吗？还是具有相对的意义？这无疑也是辩证观的一个重要内容。

老子已经意识到这一问题。在对对立现象的观察中，老子注意到一些看似对立的东西其实有着惊人的相通之处，如：“明道若昧，进道若退，夷道若颣，上德若谷，大白若辱，广德若不足，建德若偷，质真若渝，大方无隅，大器晚成，大音希声，大象无形。”（《老子·四十一章》）“大成若缺，其用不弊；大盈若冲，其用不穷；大直若屈，大巧若拙，大辩若讷。”（《四十五章》）通过这些事例，老子告诉我们，对立其实并不绝对。由此，老子也取消了非此即彼的思维方式，这无疑具有极大的创造性，它对中国日后的思维产生了十分重要的影响，而其直接结果便是庄子的相对主义理论。

庄子的相对主义理论乃沿老子思想而来，但其更加夸大事物相同的一面，而否认事物差异的一面，就归宿而言是有失误的。当然，在此过程中，我们应当看到其中存在着合理环节，就是差异或对立并非绝对的，在那些表面看来是截然相反的事物或现象的背后恰恰存在着本质上的相同之处。庄子是这样来

元代刘贯道绘《梦蝶图》（局部）。此图取材于“庄周梦蝶”的典故：庄子运用浪漫的想象力和美妙的文笔，通过对梦中变化为蝴蝶和梦醒后蝴蝶复化为己的事件的描述与探讨，提出了人不可能确切地区分真实与虚幻和生死物化的观点。

思考这一问题的："以差观之，因其所大而大之，则万物莫不大；因其所小而小之，则万物莫不小。""以功观之，因其所有而有之，则万物莫不有；因其所无而无之，则万物莫不无。""以趣观之，因其所然而然之，则万物莫不然；因其所非而非之，则万物莫不非。"但"以道观之，物无贵贱"（《庄子·秋水》）。这就是说，不论事物或现象如何对立，它们又都具有同一的一面，这既包括大小，也包括有无，还包括然否。因此，观察事物或现象就不能仅仅看到其对立或差异性，还要看到其同一性。

为此，庄子专门写了一篇《齐物论》，来论证事物间的相同。庄子说：

> 物无非彼，物无非是。
>
> 方生方死，方死方生。方可方不可，方不可方可。
>
> 是亦彼也，彼亦是也。彼亦一是非，此亦一是非。果且有彼是乎哉？果且无彼是乎哉？彼是莫得其偶，谓之道枢。
>
> 物固有所然，物固有所可。无物不然，无物不可。故为是举莛与楹，厉与西施，恢诡谲怪，道通为一。其分也，成也；其成也，毁也。凡物无成与毁，复通为一。

我们看到，庄子将"齐物"叫做"复通为一"、"道通为一"或"莫得其偶，谓之道枢"。但如此一来，庄子也就绝对取消了事物的差别，取消了事物的对立，从相对性走向了相对主义，并从相对主义走向了绝对主义，而这也就走向了以对立为基础的辩证法的反面。但尽管如此，我们要看到庄子的齐物论思想又不能简单地归之于相对主义理论。庄子说："天地与我并生，而万物与我为一。"（同上）这其中实则包涵了一种博大的胸襟与智慧，包涵了一种无限的通达与宽容，包括消除歧见和私义，这是一种对人与天地万物关系的深刻领悟。在某种意义上，这一思想也与张载的"民胞物与"思想有共同之处，却又同时蕴涵了一种坦然自得的心态。

整体观

整体观也是中国的一种重要观念。整体观同样是在对立或对称结构的意识中逐渐发展起来的。具体来说，整体观主要包括有中庸、兼两、参合、联系等形式，这些形式都从不同的角度对整体性问题给予了思考并形成了相应的有实用意义的方法。比较表明，在古代希腊乃至整个欧洲思想中，我们很难找到与之类似的思考样式。

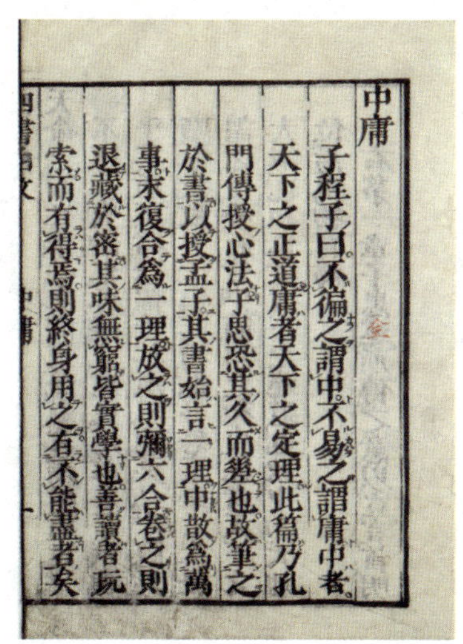

中庸

子程子曰不偏之謂中不易之謂庸中者天下之正道庸者天下之定理此篇乃孔門傳授心法子思恐其久而差也故筆之於書以授孟子其書始言一理中散爲萬事末復合爲一理放之則彌六合卷之則退藏於密其味無窮皆實學也善讀者玩索而有得焉則終身用之有不能盡者矣

中国古籍《中庸章句》，日本明治年间刻印。

中庸

中庸，又称中和、中行、中道，用今日语词或概念来表达，就是平衡、均衡、适度。中庸思想是基于这样一种考虑，任何事物或行为都包含着两个互相对应或对立的方面，只有当这两个对应或对立的方面处于平衡状态时，事物或行为才最为合理和理想，否则，这个事物或行为就是不合理的或不完善的。不难看出，中庸思想的初衷也是以对称作为基础的，不过它又加进了对立的内涵。

就古代中国文献而言，中庸思想最初可以追溯到《尚书·尧典》，其中有这样一段话：

直而温，宽而栗，刚而无虐，简而无傲。

山东邹城亚圣庙（孟庙）内的"孟母断机处"、"孟母三迁祠"、"子思作中庸处"古石碑。"四书"之一的《中庸》据传为子思所作。子思（前483—前402），名孔伋，孔子嫡孙，受教于孔子的高足曾参。孔子的思想学说由曾参传子思，子思的门人再传孟子。

这就是说合理的态度应当是正直且温婉，宽大又谨慎，刚正而不盛气凌人，简约却不傲慢无礼。《尚书》另一篇《皋陶谟》中也有同样的思想，且作"九德"："宽而栗，柔而立，愿而恭，乱而敬，扰而毅，直而温，简而廉，刚而塞，强而义。"我们由此可知，中庸最初是关乎"德"的。中庸思想在孔子这里取得了成熟的形式。孔子的中庸思想也主要用于道德的培养，即注重行为方式的合理性与完美性。孔子有关中庸的论述很多，也涉及不同句式。如"子温而厉，威而不猛，恭而安"（《论语·述而》）。这里的"温而厉"就是一种"既要……也要……"的并列句式，对前后都给予肯定。"乐而不淫，哀而不伤"（《八佾》）、"和而不同"、"泰而不骄"（《子路》）则是"要……但不要……"的选择句式，即乐、哀、和、泰是适度的，而淫、伤、同、骄则偏颇了。此外，以下表述无疑是对非中庸状态的否定：

过犹不及。（《先进》）

这些思想为后儒所继承。如《中庸》说："诚者不勉而中，不思而得，从容中道，圣人也"，"中也者，天下之大本也"，"执其两端，用其中于民。"[19]

19 我们知道，古希腊亚里士多德也非常重视中庸。

有关中庸或平衡的思想在古代中国医学活动这里，确切地说就是在《黄帝内经》中取得了真正的科学形态。《内经》认为，人体是由阴阳两个方面所构成的。一般来说，在正常情况下，人体的阴阳两个方面是平衡的，这时人体就处于健康状态。例如：

阴阳匀平，以充其行，九候若一，命曰平人。（《素问·调经论》）

但人是一个生命体，由于受外部因素和内部因素的影响，阴阳两个方面会相互消长，即处于动态变化之中，而当变化到一定的时候，原有的平衡便会被打破，人体也就会产生疾病。“阴不胜其阳，则脉流薄疾，并乃狂。阳不胜其阴，则五藏气争，九窍不通。”（《生气通天论》）“阴胜则阳病，阳胜则阴病。阳胜则热，阴胜则寒。”（《阴阳应象大论》）为此，《内经》总结出种种恢复平衡的方法，如“寒者热之，热者寒之”，“散者收之，抑者散之”，“衰者补之，强者泻之”（《至真要大论》）。此外，《内经》也使用了“有余”与“不足”这一对概念，使得我们对失衡与平衡问题有更为具体形象的理解。如《调经论》说：“有余泻之，不足补之。”总之，欲使人体处于一种健康状态，就必须尽可能地使阴阳两个方面保持平衡，这是《内经》的核心思想，也是中国医学最为光辉的部分。

兼两

受中庸或平衡思想的影响，又发展出另一种思想或思维，可叫做“兼”或“兼两”，也即兼顾。这样一种思维要求从对立的两个方面来思考，而不是仅涉及其中一面。显然，这一思维是由中庸或平衡而来的，其目的就在于保证思维的全面性并避免片面性。

这样一种思想早在春秋时期就已露端倪。例如孔子就曾对弟子传授：“有鄙夫问于我，空空如也，我叩其两端而竭焉。”（《论语·子罕》）尽管孔子对农夫所问知识并不了解，但通过“叩其两端”也即从相反的两个方面来询问情况还是解决了问题。这一方法也被用于战争理论中，如《孙子》云：

是故智者之虑，必杂于利害。（《九变》）

魏征（580—643），唐初名臣，以善谏著称。他有一句名言："兼听则明，偏信则暗。"

这里所谓"杂于利害"就是讲兼顾利与害两个方面。战国中后期，"兼两"这一思维已为中国哲人所普遍接受，并广泛运用于各种观察、分析和判断之中。例如《易传》讲："知进而不知退，知存而不知亡，知得而不知丧，其唯圣人乎。"（《乾卦·文言》）这是对片面思维的批评。又如"君子安而不忘危，存而不忘亡，治而不忘乱"，"君子知微知彰，知柔知刚，万夫之望"（《系辞上》）。这则是对全面或完整思维的肯定或赞扬。此外，兼两思维同样也体现在这一时期农学、医学这样一些科学活动中，如《吕氏春秋·任地》中说："凡耕之大方：力者欲柔，柔者欲力；息者欲劳，劳者欲息；棘者欲肥，肥者欲棘；急者欲缓，缓者欲急；湿者欲燥，燥者欲湿。"又如《内经·素问·阴阳应象大论》中说："故善用针者，从阴引阳，从阳引阴，以右治左，以左治右。"

不过在哲学领域，对兼两思想论述得最为透彻的莫过于荀子。如荀子批评只见一面的思维说："见其可欲也，则不虑其可恶也者；见其可利也，则不顾其可害也者。"（《荀子·不苟》）无疑，这样一种片面的思维或认识方式是非常有害的。那么如何才能避免片面性思维呢？荀子认为必须从两个方面而不是从一个方面来看待事物。荀子说："见其可欲也，则必前后虑其可恶也者；见其可利也，则必前后虑其可害也者。"（同上）对于这样一种思维方式，荀子就称之为"兼"。荀子说：

> 兼权之，熟计之，然后定其欲恶取舍，如是则常不失陷矣。（同上）
> 兼陈万物而中县衡焉，是故众异不得相蔽以乱其伦也。（《解蔽》）

这就是说，只有从整体或全面的角度来思考问题，也即只有从两个方面而非是一个方面来思考问题，才能保证所作出的分析或判断的正确性。荀子还将这样一种思维视作是统治者成功与否的条件："夫兼听天下，日有余而治不足者，如此也，是治之极也。"（《王霸》）"兼听齐明则天下归之。"（《君道》）这些思想对后世无疑有着重要的影响。

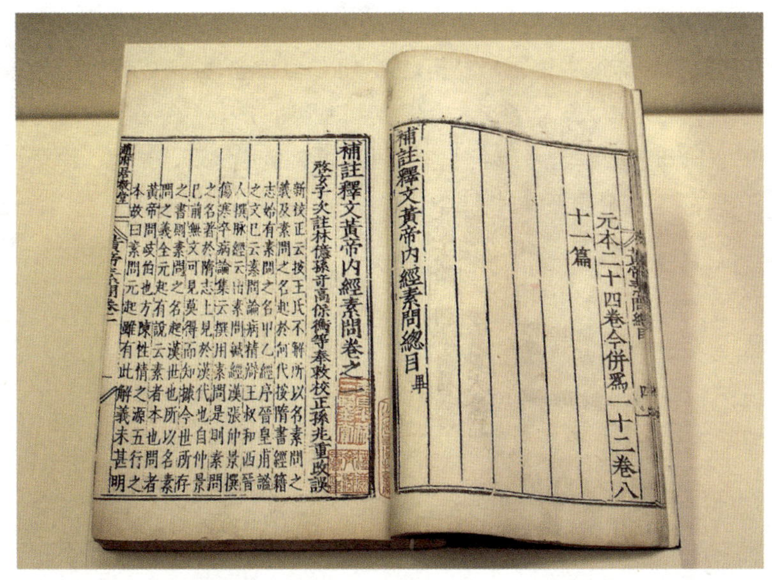

明刊本《灵枢·素问》，中国国家博物馆藏。《灵枢》和《素问》二书合起来托名《黄帝内经》，是中国历史上第一部系统的医学著作。该书总结了秦汉以前的医学经验，提出了脏腑经络学说和病因学说，奠定了中医学的理论基础。

参合

兼两是从二元结构出发思考问题，此外，中国人还从多元结构来思考问题，这就是“参”、“合”或“参合”，相当于我们今天所说的综合，它同样具有全面性特征。

这样一种思维最初在兵家的理论中得到有效的应用。如《孙子·始计》中这样讲道：“故经之以五事，校之以计而索其情，一曰道，二曰天，三曰地，四曰将，五曰法……凡此五者，将莫不闻，知之者胜，不知者不胜。故校之以计，而索其情。曰：主孰有道？将孰有能？天地孰得？法令孰行？兵众孰强？士卒孰练？赏罚孰明？吾以此知胜负矣。”在这里，我们可以看出孙子完全是从一种综合的角度来考察作战条件的。也就是说，孙子并不把战争看成是一种简单的敌对双方之间的交手行为，而把它看成是一种综合因素之间的角力。此后，韩非从方法论的角度直接发挥了这一思想。在韩非的思想中，“参”也称作“参伍”。韩非说：

> 偶参伍之验，以责陈言之实。（《韩非子·备内》）
> 参之以比物，伍之以合虚。（《扬权》）

韩非这里所说的参伍就是要求考察事情的各个方面，互相参照，互相比较。而这其中最为核心的思想就是强调要避免片面而力求全面地思考问题。韩非这样讲道："参伍之道：行参以谋多，揆伍以责失。""言会众端，必揆之以地，谋之以天，验之以物，参之以人，四征者符，乃可以观矣。"（《八经》）可见，韩非的看法与孙子十分相似：一种思想的正确与否要综合考虑若干个方面因素，包括地形、天时、物理、人情等，只有当这些方面都考虑周全了，思想才有可能正确。

参合这一思想在古代中国的医疗活动中得到了更有效的运用。如《内经》说：

圣人杂合以治。（《素问·异法方宜论》）
能参合而行之者，可以为上工。（《灵枢·邪气脏腑病形》）

在《内经》看来，医疗活动中采取不采取"杂合"或"参合"方法，治疗结果是非常不同的。具体来说，《内经》中的参合思想又体现为如下方面：第一，充分运用各种观察手段，使对疾病的了解尽可能全面。如："善诊者，察色按脉，先别阴阳。"（《素问·阴阳应象大论》）我们知道，这最终构成了中国传统医学掌握病情的四种主要方法，即望、闻、问、切。第二，对病者的观察要细致周密。如："持其尺，察其肉之坚脆、大小、滑涩、寒温、燥湿。"（《灵枢·邪客》）《内经》以为，对病情的观察了解越是细致，其最终所下的判断就越能避免疏漏。第三，《内经》还指出，治疗必须要考虑更加复杂的因素。如："上知天文，下知地理，中知人事。"（《素问·著至教论》）这就是说，对疾病的诊断涉及到各种因素，包括天文、地理，以及性别、长幼、强弱乃至贫富差别，等等。可见，《内经》的参合方法也即综合性思维的内涵是十分丰富的，既包括各种主观方法之合，也包括事物内部各种因素之合，还包括事物外部各种因素之合。总之，综合方法在这里达到了极高的水平。事实上，这也正是古代中国医学的重要价值所在。有意义的是，这一价值在现代医学中已经得到越来越清晰的体现。

联系

在整体性思维中，还有一种形式，以今日之表述就是联系。在联系的思维中，一个事物或物体通常不会是孤立存在的，而是与另一种事物或其他物体存在着关联。换言之，所有事物都是一个整体或结构中的事物。基于此，人们对事物的关照就应当是联系的而非孤立的。这样一种思维同样在古代医学中获得了最典型的表述。

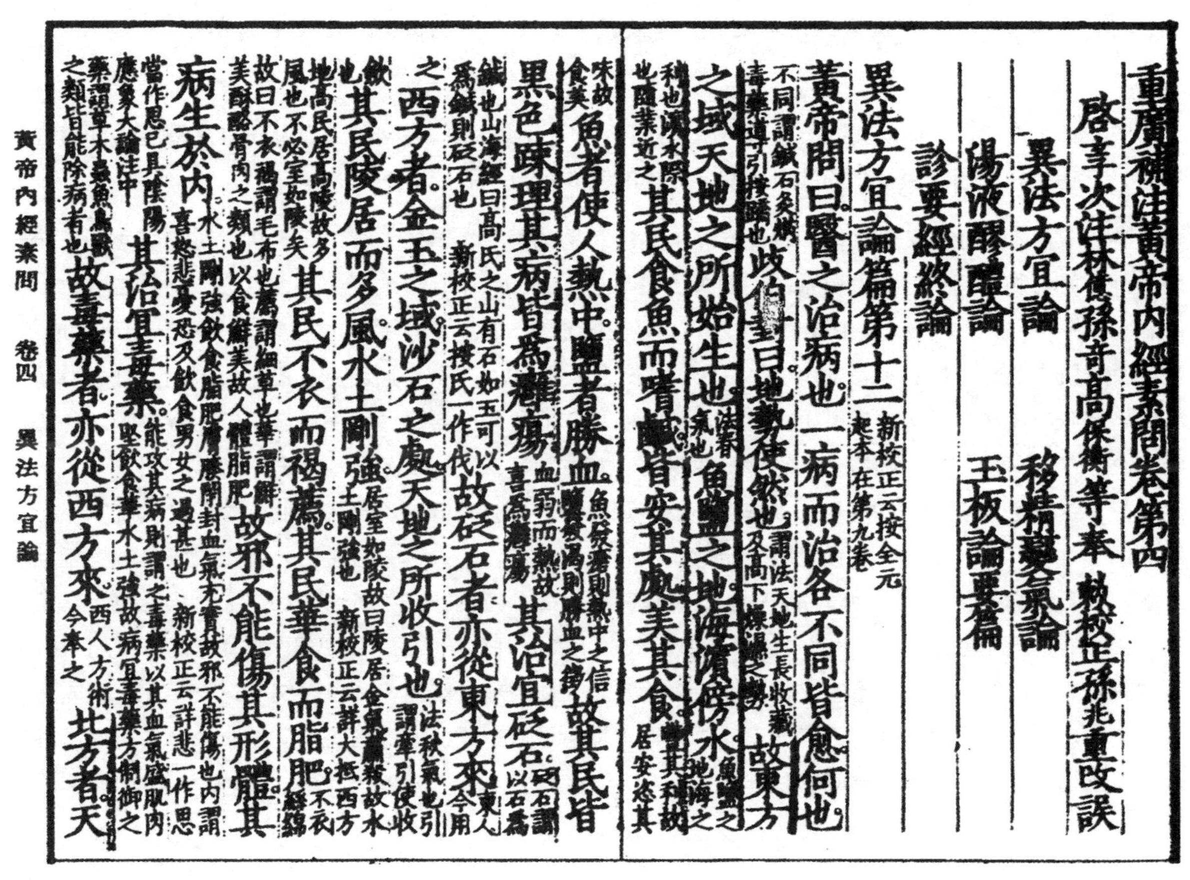

重廣補注黄帝内經素問卷第四
啓玄子次注林億孫奇高保衡等奉敕校正孫兆重改誤
異法方宜論　移精變氣論
湯液醪醴論　玉版論要篇
診要經終論
異法方宜論篇第十二 新校正云按全元起本在第九卷
黄帝問曰醫之治病也一病而治各不同皆愈何也
不同謂鍼石灸焫毒藥導引按蹻也 岐伯對曰地勢使然也 謂法天地生長收藏及高下燥濕之勢 故東方
之域天地之所始生也 法春氣也 魚鹽之地海濱傍水 魚鹽之地海之
利也濱水際也隨業近之 其民食魚而嗜鹹皆安其處美其食 嗜其利故居安從其
味故食美 魚者使人熱中鹽者勝血 魚發瘡則熱中之信鹽發渴則勝血之徵 故其民皆
黑色踈理其病皆為癰瘍 血弱而熱故喜為癰瘍 其治宜砭石 砭石謂以石為
鍼也山海經曰高氏之山有石如玉可以為鍼則砭石也 新校正云按氏一作伐 故砭石者亦從東方來 東人今用
之 西方者金玉之域沙石之處天地之所收引也 法秋氣也引謂牽引使收
斂 其民陵居而多風水土剛強 居室如陵故曰陵居金氣肅殺故水土剛強也 新校正云詳大抵西方
地高民居高陵故多風也不必室如陵矣 其民不衣而褐薦其民華食而脂肥 不衣絲綿
故曰不衣褐謂毛布也薦謂細草也華謂鮮美酥酪骨肉之類也以食鮮美故人體脂肥 故邪不能傷其形體其
病生於內 水土剛強飲食脂肥膚腠閉封血氣充實故邪不能傷也內謂喜怒悲憂恐及飲食男女之過甚也 新校正云詳悲一作思當作思已具陰陽應象大論注中 其治宜毒藥 能攻其病則謂之毒藥以其血氣盛肌肉堅飲食華水土強故病宜毒藥方制御之
藥謂草木蟲魚鳥獸之類皆能除病者也 故毒藥者亦從西方來 西人方術今奉之 北方者天

黄帝內經素問　卷四　異法方宜論

《黄帝内经·素问·异法方宜论》(局部)。《黄帝内经·素问》全书分 81 篇，论述了养生保健、阴阳五行、藏象、病因病机、诊法学说、治则学说等。

按照《内经》，人是一个整体，由五脏六腑构成，而各脏腑之间是相互联系的。对此，《素问·灵兰秘典论》中有一段著名的论述：

> 黄帝问曰：愿闻十二脏之相使，贵贱何如？岐伯对曰：悉乎哉问也，请遂言之。心者君主之官也，神明出焉。肺者，相傅之官，治节出焉。肝者，将军之官，谋虑出焉。胆者，中正之官，决断出焉。膻中者，臣使之官，喜乐出焉。脾胃者，仓廪之官，五味出焉。大肠者，传道之官，变化出焉。小肠者，受盛之官，化物出焉。肾者，作强之官，伎巧出焉。三焦者，决渎之官，水道出焉。膀胱者，州都之官，津液藏焉，气化则能出矣。凡此十二官者，不得相失也。

按照上述理论，人体就如同一个政府机构，各个工作部门虽然各自独立，却不能脱离整体而存在。并且，它们也只有通过相互之间的协调配合方才能完成各自的职能。

进一步，《内经》又通过以下具体方面来阐述联系的思想。首先，《内经》讲，脏与脏之间、腑与腑之间、脏与腑之间都是相互联系的。如关于脏与脏之间的联系，《内经》以为：心，“其主肾也”；肺，“其主心也”；肝，“其主肺也”；脾，“其主肝也”；肾，“其主脾也”。（《素问·五脏生成》）又如关于脏与腑之间的联系，《内经》以为：“肺合大肠”，“心合小肠”，“肝合胆”，“脾合胃”，“肾合膀胱”（《灵枢·本输》）。其次，脏腑所具有的联系又导致了疾病状态下的相互影响。如《内经》说：“肾移寒于脾，痈肿，少气。脾移寒于肝，痈肿，筋挛。肝移寒于心，狂，隔中。”（《素问·气厥论》）这是脏与脏之间的病传。“脾咳不已，则胃受之”；“肝咳不已，则胆受之”；“肺咳不已，则大肠受之。”（《咳论》）这是脏与腑之间的病传。再次，《内经》还指出，不仅脏腑之间是相互联系的，而且脏腑与体表之间也是联系的。这具体又分为三个方面。一为外候。如“心之合脉也，其荣色也”；“肺之合皮也，其荣毛也。”（《五脏生成》）二为开窍。如肝“开窍于目”；脾“开窍于口”；肾“开窍于二阴”。（《金匮真言论》）三为腧穴。人体内部的脏器又通过经络与体表相连，形成诸多腧穴，这就是中国医学著名的经络理论。总之，正是由于有外候、开窍与脏器间的联系，便可以了解疾病；也正是由于有腧穴与脏器间的联系，又可以治疗疾病。

但需要指出的是，《内经》中的五脏联系是以当时广泛流行的五行理论作为基础的。然而，若要赋予五行理论以普遍的意义，则肯定是不正确的。医学也是如此，因为人体联系是很难简单用五行理论来解释的。当然，若撇去这一具体内容，《内经》所提供的联系思想无疑是有价值的，这也正在当代医学中得到印证。

孔子入周問禮
樂至此

社会的准则是怎样的

社会的准则是怎样的，或理想的社会是怎样的？这也是贯穿中国古代社会的重大问题。早在周代，“德”观念已经被视作授命和保民的前提。之后，重视伦理道德成为中华民族的基本传统。纵观儒家的社会准则，大抵可以用“礼”、“仁”、“义”、“理”来概括。从孔子始，“礼”与“仁”就成为儒家乃至整个中国哲学的重要概念。孟子与荀子承接孔子的不同思想，分别提出“仁政”与“礼法”学说。此外，义利观与理欲观也成为前后期儒家判断是非的价值标准，这一标准显然有其正面意义，但负面影响也十分明显。先秦道家与法家也都对社会问题提出了自己的看法和主张，但与儒家思想有很大不同。道家对文明持否定的态度，有消极、退步的历史取向，但其对现实的批判却又是深刻的。法家表现了求新变故的精神，它更为客观和现实，特别是其“法”的思想在社会平等性与公正性方面有着明显的进步；当然，其有关“术”的论述又是灰暗甚至龌龊的。此外，历史观也是中国古代哲学中的一个重要内容。

道德的自觉与儒家道德准则的确立

中国社会的准则首先是从道德自觉开始的，或者说是建立于道德认识之上的，这也是区别于许多文明依赖信仰约束的地方。到了孔子这里，“礼”与“仁”成为两个核心概念，并用于指导人们的行为，由此，儒家道德准则已经形成了。

周代：道德认识的起源

中国人最初的伦理观念始于“孝”，这样一种观念应当与氏族制度和祖先崇拜相关。商周特别是周代，宗族组织十分完善，宗族意识亦十分强烈，由此，“孝”也成为十分重要的伦理观念。

“孝”的基本义是建立在父（母）子关系基础上的。《尚书·酒诰》中说：“肇牵车牛，远服贾，用孝养厥父母。厥父母庆，自洗腆，致用酒。”这里提供了两对堪称为后世典范的“孝”关系。“肇牵车牛，远服贾，用孝养厥父母”，是讲劳作是为了父母；“厥父母庆，自洗腆，致用酒”，是讲享受应后于父母，即先父母忧而忧，后父母乐而乐。在此基础上，“孝”观念又有了延伸。如《洛诰》说：“公称丕显德，以予小子扬文武烈，奉答天命。”在这里，敬宗厚祖的观念赫然在目。又如《诗·小雅·蓼萧》说：“宜兄宜弟，令德寿岂。”这里“兄弟”连缀的使用也就是“悌”的观念。再如《尚书·盘庚上》中讲：“汝无侮老成人，无弱孤有幼。”这很类似于以后孟子与张载的相关论述，有着更普遍的人道关怀。因此，“孝”也成为一种美德和福祉，如《诗·大雅·下武》“永言孝思，孝思维则”，成王之孝，百姓之则；《大雅·既醉》：“孝子不匮，永锡尔类”，孝心不竭，福音不绝。这样一种意识作为中国典范至少达 3000 年之久。[20]

但周人似是将“孝”与“德”分别看待的，如《大雅·卷阿》中说的：“有冯有翼，有孝有德，以引以翼。岂弟君子，四方为则。”有学者认为周人是“把德孝并称，德以对天，孝以对祖。”[21]

“德”观念很可能在殷人那里就已经萌芽了，如《尚书·盘庚上》讲：“无有远迩，用罪伐厥死，用德彰厥善。”但“德”观念最重要的形成期是在周代，确切地说，就是在周公这里（由此与人类各大文明系统相比较，中国文明对于道德问题的认识无疑是最早的）。对此，《尚书》中有丰富的记载，如：“惟乃丕显考文王，克明德慎罚，不敢侮鳏寡。”（《康诰》）“丕惟曰：尔克永观省，作稽中德。”（《酒诰》）那么，周公为何如此重德呢？周公的“德”观念包含有怎样的内涵呢？它对日后又提供了怎样的范型或产生了怎样的影响呢？

周公像，北京故宫南薰殿藏画。周公（前1079年—前974）姓姬名旦，周文王之子。武王死后，成王即位，因其年幼，由周公代摄朝政。为巩固周王朝的统治，他制定了礼乐制度，成为后世儒家崇拜的“圣人”之一。

由前面的考察我们知道，殷人注重或强调的是天命也即王权神授的观念，这也是古代文明或王权政治的普遍观念。而周公最重要的一个贡献就是提出“敬德受命”即王权须依德而获神授的思想，如：

> 天难谌，乃其坠命，弗克经历，嗣前人恭明德（《君奭》）

---

20 犹太教中同样有十分明显的孝敬观念，如《摩西十诫》中的第5条。

21 侯外庐：《中国思想通史》第一卷，人民出版社1957年，第92页。

洛阳孔子入周问礼乐碑。相传孔子曾入周（洛阳当时是东周之都）问礼乐于老子，此碑立于清雍正五年（1727年）。

并且周公指出，夏商二代提供了足够的经验蓝本：

> 我不可不监于有夏，亦不可不监于有殷……惟不敬厥德，乃早坠厥命。今王嗣受厥命，我亦惟兹二国命，嗣若功……肆惟王其疾敬德。王其德之用，祈天永命。（《召诰》）

夏商是最好的借鉴，遵守德行，则接受天命；丢弃德行，便丧失天命；故成王新立，当以夏商二代经验教训为戒，敬重德行，唯此方能祈天永命。

同时，周公又提出了“敬德保民”的思想，如：“爽惟民迪吉康。我时其惟殷先哲王德，用康乂民作求。”（《康诰》）惟民走上正路，国家才会康宁。“天亦哀于四方民，其眷命用懋，王其疾敬德。”（《召诰》）上帝常眷顾四方小民，统治者当速行仁德。《酒诰》更是强调：“人无于水监，当于民监。”如此，中国古代政治哲学中的一个核心内容——重民思想已经出现。

与此相关，周公也已经关注到德政问题。我们知道，德政是儒家学者所普遍关心的，孔子、孟子、荀子等都无不津津乐道德政问题，而这一问题其实在周公这里就已经被提出了。如《康诰》说：“丕则敏德，用康乃心，顾乃德。”为政应有德政意识，时常总结反省。“惟威惟虐，大放王命，乃非德用乂。”作威作福、无所顾忌是与德政相背离的。《梓材》说：“先王既勤用明德，怀为夹，庶邦享作，兄弟方来，亦既用明德。”实行德政便能君臣和睦，近悦远来。《多方》说：“惟我周王灵承于旅，克堪用德，惟典神天。”这言明了对德教的重视，也是后来儒家重视教化思想的源头。

"以至于帝乙，罔不明德慎罚，亦克用劝，"这又涉及到德治与法治的关系问题，表达了明德慎罚的思想。

德政自然包括统治者个人及群体的德行。周公对安逸、怠惰提出告诫："生则逸！不知稼穑之艰难，不闻小人之劳，惟耽乐之从。""继自今嗣王，则其无淫于观、于逸、于游、于田。"（《无逸》）周公尤其对酗酒提出警告，指出殷人就是"惟荒腆于酒，不惟自息乃逸"，终至"庶群自酒，腥闻在上，故天降丧于殷"。所以周公要求对酗酒过度"予其杀"（《酒诰》）。

"德"观念的出现十分重要，它意味着人对于道德问题的自觉，也意味着理性的发展。之后，"德"便成为了中国古代社会伦理与道德的基本范型。例如我们看到，在春秋时期，这就已经成为一些政治家的治国准则，齐国管仲的"国有四维"思想即是如此。管子所说的四维是指：礼、义、廉、耻，这也就是四种德行。管子以为："一维绝则倾，二维绝则危，三维绝则覆，四维绝则灭。倾可正也，危可安也，覆可起也，灭不可复错也。"又说"四维不张，国乃灭亡"（《管子·牧民》）。我们于此可以清楚地看到"德"对于国家治理的重要性，这实际也是中国古代许多清明政治和平安社会的道德基础。

孔子：礼的传统与仁的精神

到了孔子这里，儒家道德准则真正形成了。

我们知道，在孔子眼里，三代是最理想的社会，尤其是周代，礼乐典章制度蔚为大观，粲然完备，因此孔子赞叹道："周监于二代，郁郁乎文哉！吾从周！"（《论语·八佾》）然而，如此完备的制度

明彩绘绢本《孔子圣迹图》之一《问礼老聃》

中国历史上伟大的思想家和教育家孔子（前551—前479），是春秋末期儒家学派的创始人。孔子在政治上主张严格遵守“礼”的规定，还特别强调“仁”。孔子的思想从汉朝以后成为封建社会的正统思想。

与理想，到了春秋时期已是礼崩乐坏。面对传统破败的情形，孔子难掩其痛心疾首的心情：“天下有道，则礼乐征伐自天子出；天下无道，则礼乐征伐自诸侯出。”“天下有道，则政不在大夫；天下有道，则庶人不议。”（《季氏》）“名不正，则言不顺；言不顺，则事不成；事不成，则礼乐不兴；礼乐不兴，则刑罚不中；刑罚不中，则民无所措手足。”（《子路》）无疑，这反映出孔子有不能适应社会进展与历史变化的一面。但孔子也并非是食古不化的，如他说：“殷因于夏礼，所损益可知也；周因于殷礼，所损益可知也。其或继周者，虽百世可知也。”（《为政》）即制度并非不可损益。但孔子认为：损益可以，僭越不行。在孔子眼里，礼乐从根本上说就是等级制度，就是：

君君，臣臣，父父，子子。（《颜渊》）

礼乐一旦僭越了等级规定，则仅仅是一种形式的躯壳，所谓“礼云礼云，玉帛云乎哉？乐云乐云，钟鼓云乎哉？”（《阳货》）所以，孔子的教育依然是从“礼”入手的：“恭而无礼则劳，慎而无礼则葸，勇而无礼则乱，直而无礼则绞。”（《泰伯》）“不学礼，无以立。”（《季氏》）这样一种看法也为后世儒家所继承。其实在中国文化中，礼的含义是很宽泛的，礼是等级，也是与等级相应的礼仪礼节，还可以上升到伦理层面

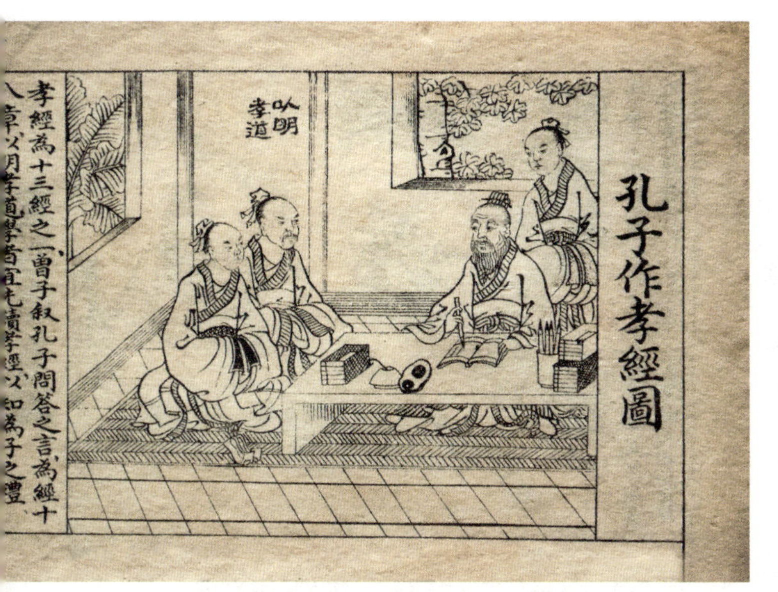

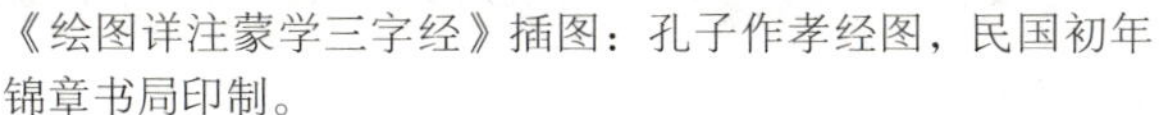
《绘图详注蒙学三字经》插图：孔子作孝经图，民国初年锦章书局印制。

《绘图详注蒙学三字经》插图：圣门讲道图，民国初年锦章书局印制。

的礼貌。而涉及礼貌，礼又与让相关。且让既可以是亲友之间的礼让，如尊长扶幼；也可以是对手之间的退让，如退避三舍。

也因为上述背景或原因，孔子在论述“仁”时亦涉及“礼”。孔子说：“人而不仁，如礼何？人而不仁，如乐何？”（《八佾》）又说：“克己复礼为仁。一日克己复礼，天下归仁焉。”（《颜渊》）又颜渊请问“仁”之细目，孔子回答说：“非礼勿视，非礼勿听，非礼勿言，非礼勿动。”（同上）这个圈子仍兜到“礼”这里。但“仁”与“礼”毕竟是非常不同的。“仁”不是制度，而是道德、品质和精神。事实上，“仁”这一语词在春秋时期也已经产生了。但正是在孔子这里，“仁”被赋予了人道的确切涵义，并成为超越其他一切概念的一个最为核心和至上的概念。

不可否认，孔子的“仁”首先是从血缘关系也即“孝悌”观念出发的，孔子的弟子有若说：“孝弟也者，其为人之本与！”（《学而》）就此而言，孔子的仁爱与墨子的兼爱相比，在出发处有些偏窄，不过也合乎情理，仁爱毕竟首先施之于家人。但我们更应当看到，孔子“仁”的要义不在于此。“仁”

的核心是一种更为普遍的关怀或关爱。如：

> 子曰：弟子，入则孝，出则弟，谨而信，泛爱众而亲仁。（《学而》）
> 樊迟问仁。子曰：爱人。（《颜渊》）

这里都将“仁”引向“爱人”或“爱众”。这种“爱”也体现在具体事情上。《乡党》中记载，孔子的马厩着火了，孔子首先关心的是“伤人乎”，而“不问马”。进而，“仁”之普遍关怀或关爱的要义更从孔子的一系列解释中体现出来。如孔子说：“能行五者（恭、宽、信、敏、惠）于天下为仁矣。”因为“恭则不侮，宽则得众，信则人任焉，敏则有功，惠则足以使人”（《阳货》）。孔子又说：“能近取譬，可谓仁之方也已。”（《雍也》）这就是要求设身处地为他人着想。孔子还要求“躬自厚而薄责于人”（《卫灵公》）。这实际上在强调一种严以律己、宽以待人的崇高品质。日后，这也成为儒家乃至整个中华民族待人、处世、接物中最基本的原则与最可贵的精神，如张载《正蒙》中的“民吾同胞，物吾与也”就是这种原则与精神的深刻体现。总之，“仁”的要义体现了一种宽宏待人、厚德载物的准则。在此意义上，仁爱又是与基督教的博爱和佛教的慈悲相通的。

儒家社会准则的发展

在此基础上，儒家形成了一整套社会活动的准则。孟子与荀子分别继承了孔子的思想，发展出“仁政”与“礼法”的理论。义利观与理欲观也分别于先秦和宋明时期成为儒家重要的价值评判尺度。教化则成为治国安邦最重要的途径。

孟子的仁政与荀子的礼法

孟子的“仁政”思想实由孔子“仁”的思想而来，如孟子说：“老吾老以及人之老，幼吾幼以及人之幼。”（《孟子·梁惠王上》）孟子向我们描绘了一种人道的政治，其大体包括国内和国外两个方面，也就是治国和邦交。对于前者，孟子认为最重要的莫过于“制民之产”（同上）、“取于民有制”（《滕文公上》）。孟子说：“五亩之宅，树之以桑，五十者可以衣帛矣。鸡豚狗彘之畜，无失其时，七十者可以食肉矣。百亩之田，勿夺其时，数口之家可以无饥矣。”（《梁惠王上》）这就是“制民之产”或“恒产”，即要求统治者保障百姓的基本生活利益。孟子说：“有恒产者有恒心，无恒产者无恒心。”（《滕文公上》）此外，孟子又要求“省刑罚，薄税敛”（《梁惠王上》），也就是“取于民有制”。而对于后者，孟子主张王道，反对霸道。孟子以为霸道是以力服人，王道是以德服人，而“以力服人者，非心服也，力不赡也；以德服人者，中心悦而诚服也”（《公孙丑上》）。

进而，孟子提出了他那震撼千古的“民贵君轻”思想。孟子说“诸侯之宝三：土地、人民、政事”（《尽心下》），但他又指出这其中人民才是最重要的：

> 民为贵，社稷次之，君为轻。（同上）

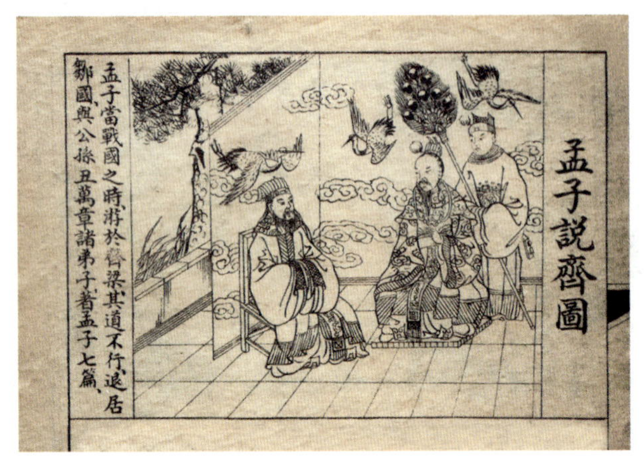

《绘图详注蒙学三字经》插图：孟子说齐图，民国初年锦章书局绘制。

为此，孟子还对诸侯戕害民众、涂炭生灵的所作所为提出了极其严厉的批评："庖有肥肉，厩有肥马，民有饥色，野有饿莩，此率兽而食人也。"（《滕文公下》）"争地以战，杀人盈野；争城以战，杀人盈城。此所谓率土地而食人肉，罪不容于死。"（《离娄上》）孟子更主张，如果君主行暴政，则民众有权起来推翻统治。"贼仁者谓之贼，贼义者谓之残，残贼之人，谓之一夫，闻诛一夫纣矣，未闻弑君也。"（《梁惠王下》）相同的思想在西方是 18 世纪由洛克和卢梭提出的。而在中国，它却是近 2000 年无数历史更迭中的一条重要的理论依据。

荀子所提倡的是"礼法"并重或"隆礼重法"。荀子说："隆礼尊贤而王，重法爱民而霸。"（《荀子·强国》）这其中的"礼"显然是继承了孔子的思想，而"法"则明显是受到法家的启发。这一方面体现出荀子对于法家思想的认同，体现出荀子对于社会治理的深刻认识，完整的制度应包括礼、法两个部分，"隆礼至法则国有常"（《君道》）。而另一方面，荀子又强调礼作为法的纲领，所谓"礼者，法之大分，类之纲纪也"（《劝学》）。这无疑明确表明了荀子的儒家身份。但无论如何，"礼法"思想打破了儒法两家的疆界，开始了儒法两家的结合。也因此，在荀子的一些表述中，礼与法在词义上又并没有什么明显区别，如"礼义者，治之始也"（《王制》），"法者，治之端也"（《君道》）。我们姑且将"礼法"视作一个不可分割的整体，它对于社会或国家治理来说不可或缺。

与此同时，荀子还提出了一个十分重要的社会学思想："明分使群。"荀子说：人"力不若牛，走不若马，而牛马为用，何也？曰：人能群，彼不能群也"（《王制》）。荀子在这里明确了人不仅有自然属性，更有社会属性；动物无群，人能群。那么“人何以能群”？荀子曰：“分。”（同上）并且荀子强调说：

人生不能无群，群而无分则争。（同上）

所谓“分”，在荀子这里有职分、等分以及类分之意。荀子说：“能不能兼技，人不能兼官；离居不相待则穷，群而无分则争。穷者患也，争者祸也。救患除祸，则莫若明分使群矣。”（《富国》）当然，这其中最重要的仍在于等分。“故先王案为之制礼义以分之，使有贵贱之等，长幼之差，知愚、能不能之分，皆使人载其事而各得其宜，然后使谷禄多少厚薄之称，是夫群居和一之道也。”（《荣辱》）荀子还对“分”给予了本体论的证明：“分均则不偏，埶齐则不一，众齐则不使……夫两贵之不能相事，两贱之不能相使，是天数也。”（《王制》）可以说，荀子的“明分使群”思想为其“隆礼重法”的政治学理论奠定了十分坚实的社会学基础。而从今天的视角看，它实际在关注个体与个体、个体与社会之间的冲突和平衡问题，就此而言，这一理论至今仍有鲜活的意义。

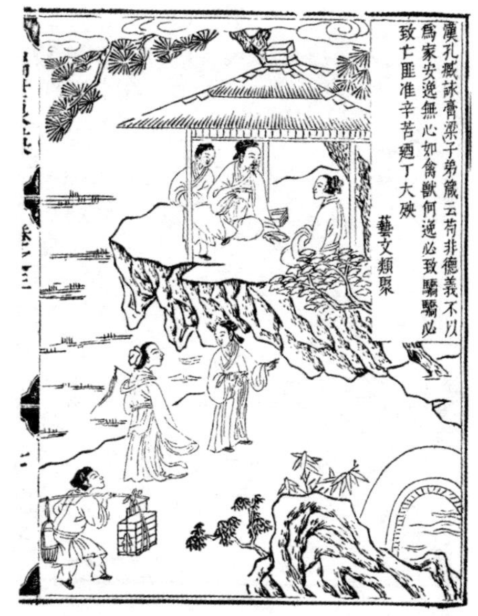

孔臧箴诫膏梁子弟，明代古籍《瑞世良英》卷三《艺文类聚》。孔臧，孔子十一代孙，西汉文帝时嗣蓼侯，迁博士，拜太常，历位九卿。孔臧以箴言告诫贵族子弟，如果不以礼法治国，如何有和睦的家？如果只贪图安逸而没有进取心，那和禽兽又有什么区别？如果连治理国家都嫌辛苦的话，那连平民都跟着遭殃啊。

许荆教民知礼禁，《瑞世良英》卷二《集事渊海》。史载：东汉许荆迁桂阳太守，桂阳风俗脆薄，不识学义。荆为设丧纪婚姻制度，使知礼禁。在事12年，父老称歌。后桂阳人为其立庙树碑。

教化与中华文明的伦理传统

中国古代思想家在社会准则问题上有一个优良传统，这就是重视教育、教养或教化。这一传统最初开始于周代的贵族教育。在长期的社会实践中，古代思想家们逐渐清醒地意识到：没有教育，人就不可能有良好的教养。并且，人性是有弱点的，这种弱点只有通过教育或教化才能加以限制或克服。因此仅仅有惠民或民生观念是不够的。尤其是儒家学者，孔子本身作为一个教育家自不必多说，孟子强调，富了之后就一定要行教化："谨庠序之教，申之以孝悌之义，颁白者不负戴于道路矣。"（《孟子·梁惠王下》）又说好的政治不如好的教育："善政，民畏之；善教，民爱之。善政得民财，善教得民心。"（《尽心上》）荀子的教化理论是以其"化性起伪"人性理论为基础的，他指出："性也者，吾所不能为也，然而可化也；积也者，非吾所有也，然而可为也。"（《荀子·儒效》）并强调："故必将有师法之化、礼义之道，然后出于辞让，合于文理而归于治。"（《性恶》）

耻观念就是一个十分突出的方面。早在春秋时期，管子就已经将耻列为治理国家的四项原则之一，以后儒家也将其作为至为重要和基础的道德标准，这充分反映在孔子与孟子的思想中。《论语》中有17处论及耻，例如："恭近于礼，远耻辱也。"（《学而》）"道之以德，齐之以礼，有耻且格。"（《为政》）"巧言，令色，足恭，左丘明耻之，丘亦耻之。"（《公冶长》）"行己有耻。"（《子路》）"君子耻其言而过其行。"（《宪问》）《孟子》中有19处论及耻。例如："故声闻过情，君子耻之。"（《离娄下》）"人不可以无耻，无耻之耻，无耻矣。"（《尽心上》）"耻

澳门邮政局2007年11月发行的《道德与伦理价值观》系列邮品。邮票图案以道德与伦理价值观为主题，以金文书写“道”、“德”、“伦”、“礼”四字分印其上，老子、庄子、孔子、孟子四位先哲的头像分列其中，展现中华道德伦理的发展演变。

之于人大矣！为机变之巧者，无所用耻焉。”（同上）此外，《礼记》中也说：“知耻近乎勇。”（《中庸》）而耻又与廉密切相关，为民知耻，为官知廉，这在《管子》就已经提出。之后，明清之际顾炎武说：“所以然者，人之不廉而至于悖礼犯义，其原皆生于无耻也。故士大夫之无耻，是谓国耻。”（《日知录》卷十三《廉耻》）由以上这些论述我们可以清楚地看到，儒家教化的一个十分重要的内容就是濡养人们的羞耻之心，并进而为治理天下奠定道德基石。

这里尤其值得一提的是宋代。在儒家学者的推动下，宋代形成了宗族制度平民化的格局。进而，以宗族为平台，形成族训、族规、族产、族谱、族学等一系列新宗族形式。另外，书院也在这一时期得到广泛的发展。而这些都有利于儒家教育的下移和普及。以朱熹为例，其对小学的内容作了系统性的发掘和研究，从而形成了与儒家传统“大学之道”相应或互补的“小学之道”。按朱熹的说法：“小学之事，知之浅而行之小者也。大学之道，知之深而行之大者也。”（《小学辑说》）而朱熹的一些相关著述如《小学》、《童蒙须知》等也在日后儒家人格初期养成教育中发挥了重要的作用。冯友兰就曾说过：“在中国，哲学与每一个受教育的人息息相关。在旧时，一个人只要受教育，就是用哲学发蒙。儿童入学，首先教他们读《四书》，即《论语》、《孟子》、《大学》、《中庸》。《四书》是宋以后新儒家哲学

上世纪50年代的冯友兰。冯友兰(1895—1990),河南唐河人,中国当代著名哲学家。1924年获哥伦比亚大学博士学位。历任中州大学(现在的河南大学)、广东大学、燕京大学教授,清华大学文学院院长兼哲学系主任,西南联大哲学系教授兼文学院院长,清华大学校务会议主席,北京大学哲学系教授。其哲学作品为中国哲学史的学科建设作出了重大贡献。

冯友兰与《中国哲学简史》

冯友兰毕生以复兴中华传统文化、弘扬儒家哲学思想为己任。1947年，冯友兰在美国宾夕法尼亚大学受聘担任讲座教授，讲授中国哲学史。期间，其英文讲稿经整理写成《中国哲学简史》，于1948年由纽约麦克米兰出版公司出版。

《中国哲学简史》以20万字讲述了中国哲学的发展历史，打通了古今中外的相关知识，在有限的篇幅里融入了冯友兰对中国哲学的理解，是史与思的结晶，充满了人生的睿智与哲人的洞见。它在世界各地有多种译本，一直是许多大学中国哲学的通用教材，也是了解中国文化的入门书。而在中国，直到20世纪80年代，本书才由冯友兰先生的学生第一次根据英文本译成中文，由北京大学出版社于1985年出版，成为当时学术界的大畅销书。

最重要的课本。儿童启蒙的最初读物通常是《三字经》，每组三字，六字一句，便于朗诵也便于记忆，这本书实际上是个识字课本。《三字经》的第一句‘人之初，性本善’也就是孟子哲学的基本思想。”[22]

22 冯友兰:《中国哲学简史》第一章“中国哲学的精神”。

冯友兰这里说的实际主要就是宋代以后的教育状况。这也反映在宋代的家法族规上。如上虞雁埠章氏的《家训》所设的条目有：忠君上、孝父母、友兄弟、别夫妇、睦亲族、教子孙、继绝世、正业术、勤本职、崇俭约、励廉隅、谨言动、敦谦让、慎婚配、重丧祭、建祠宇、治葬地、立墓碑、置祭田、保荫木、禁盗卖、谨称呼、戒争讼、除凶暴。《盘谷高氏新七公家训》所设的条目有：敦伦理、立人品、急完粮、重祭典、立族正、肃家规、正名分、勤道艺、勉修葺、守俭朴、戒淫盗、戒争讼、戒邪术、戒妄言、戒赌博、重文士、礼高年、周贫乏、谨交游、笃宗谊。寿州龙氏《家训》、《家规》，有劝善惩恶家训和家规各十二条：敬祖先、孝父母、隆师长、宜兄弟、正闺阃、慎交游、尚勤俭、睦宗族、务读书、重节孝、勤职业、崇阴骘；戒忤逆、戒凶横、戒赌博、戒酗酒、戒盗窃、戒强葬、戒伐荫、戒邪淫、戒抗粮、戒争讼、戒轻佻、戒刻薄。[23] 总之，宋代以后，儒家伦理已经潜移默化、深入人心，而所谓儒教也正是在此教化而非宗教意义上最能体现其价值。

不过，我们也必须正视这一传统中的负面因素，例如“三纲”。应当看到，三纲在中国古代是有其历史必然性的，换言之，在一定的历史阶段并非是完全不合理的。其实这一观念早在儒家之前就已经逐渐形成，但在儒家思想的发展过程中，这一观念得到了固化，而其最经典的表述就是汉代《白虎通义》中的“君为臣纲，父为子纲，夫为妻纲”（《三纲六纪》）。此后，在中国漫长的历史中，与儒家许多积极的道德理想与价值取向相比，其更多地呈现了伦理戒律的严酷和灰暗成分，非理性性质也愈益明显，由此又对社会发展和进步产生消极影响。

儒家的义利观与理欲观

义利问题作为一种社会价值观早在春秋时期就已经形成了，之后尤为儒家所重视。在儒家这里，义代表着公义、道义、正义；利则代表着私利。如孔子说：“君子义以为质。”（《论语·卫灵公》）这里的“质”，即本末之本，体用之体。孔子还说：“君子之于天下也，无适也，无莫也，义之与比。”（《里仁》）这里的义又具有唯一性。至于利，孔子说：“放于利而行多怨。”（同上）孔子实则为儒家的义利观定了调子，后世儒家学者多持相同看法。如孟子说：“王亦曰仁义而已矣，何必曰利。”（《孟

23 这样一种家法族规实际与犹太教律法系统十分近似。可延伸阅读本人《中国社会的伦理生活——主要关于儒家伦理可能性问题的研究》中相关研究，中华书局 2007 年。

山西祁县乔家大院大门对面的掩壁上，刻有砖雕“百寿图”，一字一个样，字字有风采。两旁是清代名臣左宗棠题赠的一幅意味深长的篆体楹联：“损人欲以复天理，蓄道德而能文章。”楹额是“履和”。这同作为巨商大贾的乔家所秉承的“和为贵”思想是很相宜的。

子·梁惠王上》）荀子说：“义胜利者为治世，利克义者为乱世。”（《荀子·大略》）董仲舒说：“正其谊不谋其利，明其道不计其功。”（《汉书·董仲舒传》）并且儒家学者还将义利与君子小人等同起来。如孔子说：

> 君子喻于义，小人喻于利。（《论语·里仁》）

孟子说：“鸡鸣而起，孳孳为善者，舜之徒也；鸡鸣而起，孳孳为利者，跖之徒也。”（《孟子·尽心上》）荀子说：“人之生固小人，无师无法则唯利之见耳。”（《荀子·荣辱》）以至于2000年后的王夫之还说：“君子小人之大辨，人禽之异，义利而已矣。”（《读通鉴论·微子》）应当说，儒家主张在处理义利关系时采用公义或道义至上的原则，这无疑有合理性，[24]但其中的偏颇也显而易见。当然，在儒家学者中也并非没有反对意见。如南宋时期学者陈亮、叶适就更加注重事功或功利，明末清初学者颜元还将董仲舒的话改为：“正其谊以谋其利，明其道而计其功。”（《四书正误》卷一）事实上，儒家自身也有功利思想的源头，如《尚书》言功，《周易》言利，对这样一个思想源流我们同样不应忽视。

理欲即天理人欲问题早在《乐记》这样的儒家经典中就已经提出：“人生而静，天之性也，感于物而动，性之欲也……好恶无节于内，知诱于外，不能反躬，天理灭矣。夫物之感人无穷，而人之好恶无节，则是物至而人化物也。人化物也者，灭天理而穷人欲者也。”但作为观念真正盛行是在宋代以后。作为问题或思想渊源，理欲问题实则是由义利问题演化而来，理是天理，也就是道义；欲是私欲，也就是私利。但很明显，它被赋予了宋代理学特别是程朱的思想特征。如程颢说：“‘人心惟危’，人欲也；‘道心惟微’，天理也。”（《程氏遗书》卷十一）朱熹说：

> 圣贤千言万语，只是教人明天理，灭人欲。（《朱子语类》卷十二）
> 学者须是革尽人欲，复尽天理，方始是学。（《朱子语类》卷十三）

---

24 类似的思想我们也可以在黑格尔的哲学中看到，如黑格尔说：“福利不是作为单个特殊意志的定在，而只是作为普遍福利，本质上作为自在地普遍的、即根据自由的东西，才具有独立有效性。福利没有法就不是善。”黑格尔：《法哲学原理》，商务印书馆1982年，第132页。

应当看到，程朱对于理欲问题的思考并非是完全谬误的，这其中包含了对道德与社会问题的思考。然而，程朱理欲观最大的问题就是将天理与人欲完全对立起来，乃至最终得出反人性也是反天性的看法。如有人问："或有孤孀贫穷无托者，可再嫁否？"程颐答道："只是后世怕寒饿死，故有是说。然饿死事极小，失节事极大！"（《程氏遗书》卷二十二）而这样的"存天理，灭人欲"无疑已经成为杀人之刀。清初学者戴震就深刻地指出了这一点：

> 尊者以理责卑，长者以理责幼，贵者以理责贱，虽失，谓之顺；卑者、幼者、贱者以理争之，虽得，谓之逆。于是下之人不能以天下之同情、天下所同欲达之于上；上以理责其下，而在下之罪，人人不胜指数。人死于法，犹有怜之者，死于理，其谁怜之？（《孟子字义疏证·理》）

近代以后，这种理欲观也受到了更多学者的批判。鲁迅曾说过，他在一部二十四史中，就读出字里行间歪歪斜斜写着"吃人"二字。

其他学派与思想对于社会问题的思考

除儒家之外，还有其他一些学派与思想值得我们关注。在先秦时期，以老子和庄子为代表的道家提出了与儒家截然相反的看法，其主张自然即无为而治，同时对文明给予了深刻的反思和批判。法家较儒家晚出，其更少传统的束缚，也更易于设计出建设性的理论，但这一学派的严苛与灰暗色彩极大地消解了自身的积极意义。值得注意的是，这些思想在后来或者与作为主流的儒家思想互补，或者直接为儒家思想所汲取和吸收。

道家的无为

与儒家高度赞赏文明不同，道家对于文明保持高度的警觉。无论是老子，还是庄子，都对文明提出过尖锐的批评。

老子说："大道废，有仁义；智慧出，有大伪；六亲不和，有孝慈；国家昏乱，有忠臣。"（《老子·十八章》）"上德不德，是以有德；下德不失德，是以无德。上德无为而无以为；下德为之而有以为。上仁为之而无以为；上义为之而有以为。上礼为之而莫之应，则攘臂而扔之。故失道而后德，失德面后仁，失仁而后义，失义而后礼。夫礼者，忠信之薄而乱之首。"（《三十八章》）"天下多忌讳而民弥贫；民多利器，国家滋昏；人多伎巧，奇物滋起；法令滋彰，盗贼多有。"（《五十七章》）我们从这些论述中可以看到，老子对智慧、德、仁、义、礼、孝慈、忠臣、利器、伎巧、奇物、法令统统表示了不满，认为所有这些都是"大道废"或"失道"的结果。

相应的，老子主张绝圣弃智、绝仁弃义、无知无欲、无为而治。老子说："不尚贤，使民不争；不贵难得之货，使民不为盗；不见可欲，使民心不乱。是以圣人之治，虚其心，实其腹，弱其志，强其骨。常使民无知无欲，使夫智者不敢为也。为无为，则无不治。"（《三章》）"绝圣弃智，民利百倍；绝仁弃义，民复孝慈；绝巧弃利，盗贼无有。"（《十九章》）"我无为而民自化，我好静而民自正，我无事而民自富，我无欲而民自朴。"（《五十七章》）老子这样一种社会观无疑是其自然天道观的延伸。此外，老子还严厉地抨击了不劳而获的统治者，称其为"盗夸"即强盗头子："朝甚除，田甚芜，仓甚虚，服文采，带利剑，厌饮食，财货有余，是谓盗夸。"（《五十三章》）但同时，老子也流露出愚民的主张："古之善为道者，非以明民，将以愚之。民之难治，以其智多。故以智治国，国之贼；不以智治国，国之福。"（《六十五章》）由此，老子所向往的是一种"小国寡民"的社会：

小国寡民，使有什伯之器而不用，使民重死而不远徙。虽有舟舆无所乘之，虽有甲兵无所陈之，使人复结绳而用之。甘其食，美其服，安其居，乐其俗。邻国相望，鸡犬之声相闻，民至老死不相往来。（《八十章》）

庄子继承了老子的思想，反对仁义道德。庄子说："贼莫大乎德有心而心有睫。"（《庄子·列御寇》）"德有心"就是有意为德，有意为德难免虚伪。庄子又说："爱利出乎仁义，捐仁义者寡，利仁义者众。

"太极五老"彩画，北京颐和园长廊。北宋名臣杜衍、毕世长、朱贯、王涣、冯平致仕后经常在一起研习道学，清净无为，修身养性，饮酒相欢，康宁爽健，五人皆活到八十余岁而终，后人称之为"太极五老"。

夫仁义之行，唯且无诚，且假乎禽贪者器。”（《徐无鬼》）能够献出仁义的少，而利用仁义的多，仁义的推行只能导致虚假，并且还会为“禽贪者”借作工具。与老子一样，庄子也鄙视智慧技术。《天地》篇中借子贡与丈人的对话表达了道家与儒家的分歧。子贡游于楚，见一丈人抱甕灌圃，告曰：“有械于此，一日浸百畦，用力甚寡而见功多，夫子不欲乎？”丈人曰：“奈何？”曰：“凿木为机，后重前轻，挈水若抽，数如泆汤，其名为槔。”丈人忿然作色而笑曰：“有机械者必有机事，有机事者必有机心。机心存于胸中，则纯白不备；纯白不备，则神生不定；神生不定者，道之所不载也。吾非不知，羞而不为也。”有机械者必有机事、机心，故弃而不用。又儒家崇尚三代，祖述尧舜，而庄子却说：“大乱之本，必生于尧舜之间，其末存乎千世之后。千世之后，其必有人与人相食者也。”（《庚桑楚》）庄子也以自然天道作为人类活动的准绳。庄子指出：“且夫待钩绳规矩而正者，是削其性者也，待绳约胶漆而固者，是侵其德者也；屈折礼乐，呴俞仁义，以慰天下之心者，此失其常然也。”（《骈拇》）礼乐仁义如同绳墨规矩，是约束和限制自然之性的。那么如何才能不失其常呢？庄子说：

无以人灭天，无以故灭命，无以得殉名。（《秋水》）

特别值得一提的是，庄子还承接老子对“盗夸”的抨击，入木三分地刻画了圣人、权贵与盗贼之间的关系。庄子说：“世俗之所谓知者，有不为大盗积者乎？所谓圣者，有不为大盗守者乎？”庄子假借盗跖的话来回答“盗亦有道”的提问：“夫妄意室中之藏，圣也；入先，勇也；出后，义也；知可否，知也；分均，仁也。五者不备而能成大盗者，天下未之有也。”庄子尖锐地指出：“彼窃钩者诛，窃国者为诸侯。”并反复强调，“圣人不死，大盗不止”，“圣人已死，则大盗不起”（《胠箧》）。庄子以上的论述虽难免有些偏激，但无疑是非常深刻的。

就中国历史及思想史而言，老庄道家对于社会问题的看法可以作为主流或正统儒家学说的一个重要补充。

法家的法治

车裂商鞅，明刻本《新列国志》插图。商鞅（约前 395—前 338），战国时代政治家、改革家、思想家，法家代表人物。商鞅在秦孝公支持下，改革了秦国的户籍、军功爵位、土地制度、行政区划、税收、度量衡以及民风民俗，并制定了严酷的法律。商鞅通过变法使秦国成为富裕强大之国，但因损害了贵族利益，秦孝公去世后，商鞅被处以车裂酷刑。

法家是战国时期出现的一个以法治思想为核心的重要学派。这个学派的出现有其历史必然性，这就是如何面对传统，如何面对现实。具体地，这又涉及怎样面对新旧不同利益，用哪些更为公正而非世袭的方式治理国家，采用或推行什么措施可以使得国家强盛并在激烈的竞争中立于不败之地。法家的思想在很大程度上也是与传统和保守的儒家思想针锋相对的。这个学派中有许多重要人物，如李悝、吴起、商鞅、慎到、申不害、韩非、李斯等。这里择最具代表性的商鞅与韩非予以考察，尤其是后者。

商鞅最主要的贡献是用变化的观点来解释历史，并指出不同时代应有不同的治理方式，他说："前世不同教，何古之法；帝王不相复，何礼之循。""礼法以时而定，制令各顺其宜。"（《商君书·更法》）"圣人不法古，不修今。法古则后于时，修今则塞于势。周不法商，夏不法虞，三代异势，而皆可以王。"（《开塞》）我们在这里看到了一种求新变故的认识及精神，它更为客观，也更为现实。其实这也是法家思想的普遍特征。

韩非是法家的集大成者，他对"法"的内容及意义作了深入的思考。韩非讲：

> 法不阿贵，绳不挠曲……刑过不避大臣，赏善不遗匹夫。（《韩非子·有度》）

这是说，法具有平等性与公正性，绝不因地位高下而有区别。并且，法的一个重要特点就是公之于众，也就是具有普遍的知晓性：

> 法者，编著之图籍，设之于官府，而布之于百姓者也。（《难三》）

韩非（约前280—前233），又名韩非子，战国末期韩国人，哲学家，法家思想代表人物。

韩非还强调，任何人都不能居于法之上，即使君主也是如此，“明主使法择人，不自举也；使法量功，不自度也。”（《有度》）总之，法是一种具有普遍约束力的规范，是正义的体现。韩非明确指出：“奉法者强则国强，奉法者弱则国弱。”“能去私曲就公法者，民安而国治；能去私行行公法者，则兵强而敌弱。”（同上）即只要依法行事，百姓就得安宁，国家就得强盛，否则，国家必然疲弱消亡。韩非还作了具体对比：“彼法明则忠臣劝，罚必则邪臣止，忠劝邪止而地广主尊者，秦是也。群臣朋党比周以隐正道、行私曲而地削主卑者，山东是也。”（《饰邪》）当然，韩非也深知变法或推行法的艰难：

> 故智术能法之士用，则贵重之臣必在绳之外矣。是智法之士与当涂之人，不可两存之仇也。（《孤愤》）

并且，变法者的结局往往十分悲惨，“故资必不胜而势不两存，法术之士，焉得不危？其可以罪过诬者，以公法而诛之；其不可被以罪过者，以私剑而穷之。”（同上）如商鞅遭车裂，吴起被射杀。但也正因如此，我们更能感受韩非坚定的决心及可贵的精神。[25]

当然，法家的理论中不仅有法，而且有术。韩非说：“君无术则弊于上，臣无法则乱于下”，此“皆帝王之具也”（《定法》）。这就是说，术与法是相辅为用的。那么，什么是术呢？韩非说：“术者，

25 稍作延伸，由法家所主导的改革进步明显，并具有“公”的性质。历史上一些思想家对此给予了积极的评价，如柳宗元说：“秦之所以革之者，其为制，公之大者也。其情，私也，私其一己之威也，私其尽臣畜于我也。然而公天下之端自秦始。”（《封建论》）

藏之于胸中，以偶众端，而潜御群臣者也。”（《难三》）即术的特点就是“藏”，就是“潜”，就是“掩其迹，匿其端，下不能原。去其智，绝其能，下不能意”（《主道》）。可见，术就是权术，是君王的专制术，中国人通常称之为南面之术。一言以蔽之，就是神秘、暗藏、阴险之物。无疑，这也是韩非及法家思想中的污秽、龌龊、糟粕之物。然而，放到历史中来看，它又是客观和必然之物。[26]

应当看到，法家思想对于历史的影响是极其深刻的。首先，在战国时期，不是儒家思想而是法家思想导致了国家的强盛，尤其是韩非的法治说，其走出理论的庭院，登上历史的舞台，最终假秦始皇之手统一了中国。这给我们这样的启发：即使是有限的法治，也可以使一个国家强于没有法治的另一个国家。[27] 其次，秦朝土崩瓦解之后，从汉代开始了独尊儒术的局面。表面上看，法家学说已被排斥在正统学术之外。但事实上，之后一部 2000 年的中国政治史始终就是外儒内法、儒法并用的统治史。并且我们应当看到，这个外儒内法不如说是外儒内术更加确切，法家“术”的权谋实被完全接收，而“法”的精神却未真正彰显。如果我们要真正地了解中国的历史与传统，上述问题同样必须认真面对。

---

26 在欧洲，马基雅维利也强调：只要有利于君主统治，任何权术、狡诈、伪善、谎言、残暴以及背信弃义就都是正当的。

27 但我们亦须知道，法家之法，乃是由君主主导，且更偏于刑，这与古代希腊和罗马建立在议会或公民代表大会之上的法律有着极大的区别。

历史观

历史观也是社会观的一个重要组成部分。中国古代的历史观是十分丰富的，这其中尤以儒家的历史观影响最为深远，其贯穿中国古代社会始终。此外，历史循环论同样在中国古代占据着突出的位置，并以各种形式表现出来。

各种各样的历史观

中国是一个历史悠久的国家，漫长的历史本身也很容易孕育出各种各样的对历史的看法。尤其是在思想自由的先秦时期，形形色色的历史观是百家争鸣的一部分。其中，儒家的历史观是最需要注意的，这自然也是因为其之后主宰了中国近 2000 年时间之故。

儒家历史观首先是一种圣贤观，即一部历史就是英雄或君王史，换言之，历史是由少数人决定的。孔子喜欢祖述尧舜，《论语·泰伯》记载孔子的话："巍巍乎，舜、禹之有天下也，而不与焉！""巍巍乎！唯天为大，唯尧则之。"又特别赞美周代：

> 周之德，其可谓至德也已矣。（同上）

之后，孟子讲"法先王"，言必称尧、舜；荀子讲"法后王"，主要尊文、武。这看上去不同，其实祖述先人的做法是一致的，无非是百步与五十步的区别。儒家历史观其次是一种经典观，即一部历史就是经验或传统史，这有着崇古非今的保守性质。传说中，孔子曾删《诗》《书》，定《礼》《乐》，述《周易》，作《春秋》，以上统称“六经”，但这并不可信。事实上是从汉代实行“罢黜百家，独尊儒术”也即儒家当道以后，三代以来的文献典籍逐渐被奉为儒家经典，先后有五经、九经、十一经，终至十三经。在此过程中，整个中华民族也逐渐培养起一种重视经典和传统的历史观。上述这样的历史观直到近代以后才由于各种原因被彻底打破。

当然，不仅儒家重视传统，墨家也重视传统，其视夏代为典范。道家更是崇尚远古原始社会，不过圣人在这里没有地位。而与上述各家相比，法家的历史观非常特殊，也非常清晰：崇今非古。我们前面已看过商鞅，这里再看韩非。韩非指出：

> 上古竞于道德，中世逐于智谋，当今争于气力。（《韩非子·五蠹》）
> 是以圣人不期修古，不法常可，论世之事，因为之备。（同上）

北京孔庙内的十三经刻石，亦称“乾隆石经”。十三经是儒家的13部经典著作，即《周易》、《尚书》、《诗经》、《周礼》、《仪礼》、《礼记》、《左传》、《公羊传》、《谷梁传》、《论语》、《尔雅》、《孝经》、《孟子》，共63万字。十三经刻石碑共190座，原置于国子监六堂之前，以为师生学习研讨之用，后因国子监翻修，改陈于国子监与孔庙之间的夹道内。

孙中山手书“天下为公”，中国国家博物馆藏。

时代不同，治理方法也应不同。与商鞅一样，韩非的历史观表达了变易、进化的观点。而从以后的思想史来看，尽管法家不受儒家主流待见，但其变古求新的主张却激励了一批又一批尝试革故鼎新的思想家。如同法家的君王术为后世统治者所采纳一样，法家的革新精神实际也影响了许多进步的儒家学者。

历史观还有其他一些重要内容。

在统治合理性问题上，儒家将其归结为“天意”或“天命”，也就是君权神授，换言之，即凡是“天”决定的，就一定是合理的。其实这一理论早在殷周就已经确立。后来，董仲舒更从哲学的高度将此概括为：

天不变，道亦不变。（《汉书·董仲舒传》）

不过，儒家又清醒地意识到，“天命”又并非是必然的，这同样在周人那里就已经有了深刻的认识，“天难谌，乃其坠命”，“社稷无常奉，君臣无常位”。因此，统治者必须要有忧患意识，周公的很多论述都与此有关。之后，《易传》中有高度的概括：

君子安而不忘危，存而不忘亡，治而不忘乱，是以身安而国家可保也。（《系辞下》）

此外，战国后期的儒家对人类社会的进程也有过思考，这反映在《礼记·礼运》中，其将人类社会的进程分为两个阶段，即“天下为公”的“大同”社会和“天下为家”的“小康”社会。《礼运》认为“大同”是理想社会。尽管说这一认识具有乌托邦的性质，但它的确对后来进步的思想家产生过积极的影响。而中国古代后期哲学中，又以王夫之的历史观最有价值。王夫之提出“理势合一”的思想。他认为历史的发展主要在于“理”与“势”，其中“理”是规律，“势”是趋势。王夫之说：“势既然而不得不然，则即此为理矣。”“理当然而然，则成乎势矣。”（《读四书大全说·离娄上》）这深刻地看到规律与趋势的统一对于历史发展的重要意义。

清末《历代名臣像解》之邵雍。邵雍（1011—1077），字尧夫，自号安乐先生，祖籍河北范阳，北宋著名的易学家、理学家、哲学家。

历史循环论

此外，中国的历史观又具有浓厚的循环论色彩，而这样一种历史观几乎从一开始就为各家各派所接受。应当看到，这种历史观的背后其实是有深刻的天道观支持的，这就是天体循环运行的法则，如四季更迭、月亮朔望、太阳回归、五星周期等。这也体现在老子“独立而不改，周行而不殆”、“大曰逝，逝曰远，远曰反”、“反者道之动”等思想中。其实，五行说也可以视为一种天道观。正是这种种天道知识及观念（无论是科学的还是神秘的）成为历史循环论有力而稳定的基石。

历史循环论最早的典型形式是战国末年邹衍的“五德终始”说。所谓“五德终始”说就是讲每一个王朝都有相应的德（即五行中的一行）主运，历史是按照五德（即五行）之间的顺序更迭的。很明显，这一学说是将五行相胜的观念运用到了历史领域。《吕氏春秋・应同》中保留了邹衍的这一思想：

> 凡帝王者之将兴也，天必先见祥乎下民。黄帝之时，天先见大螾大蝼。黄帝曰："土气胜。"土气胜，故其色尚黄，其事则土。及禹之时，天先见草木秋冬不杀。禹曰："木气胜。"木气胜，故其色尚青，其事则木。及汤之时，天先见金刃生於水。汤曰："金气胜。"金气胜，故其色尚白，其事则金。及文王之时，天先见火赤乌衔丹书集于周社。文王曰："火气胜。"火气胜，故其色尚赤，其事则火。代火者必将水，天且先见水气胜。水气胜，故其色尚黑，其事则水。水气至而不知，数备，将徙于土。

事实上，这种历史循环论在中国根深蒂固。如孟子说："五百年必有王者兴。"（《孟子・公孙丑下》）并论证道："由尧舜至于汤，五百有余岁。……由汤至于文王，五百有余岁。……由文王至于孔子，五百有余岁。……由孔子而来至于今，百有余岁，去圣人之世若此其未远也。"（《尽心下》）孟子在这里表达了一种英雄史观，但历史循环的观念也依稀可见。之后，汉代董仲舒在《春秋繁露》中又提出了"三统"、"三正"说。所谓"三统"就是黑统、白统和赤统。按董仲舒的说法，夏、商、周三代即依此三统更迭，以后朝代亦依此秩序更迭。所谓"三正"就是指月正。夏以寅月（农历正月）为正月，商以丑月（农历十二月）为正月，周以子月（农历十一月）为正月。董仲舒说，每一新朝代开始，都应"改正朔，易服色"。不难看出，这一理论受到了邹衍"五德终始"说的影响。而在日后中国漫长的历史进程中，这样一种理论又不断影响着一代又一代王朝的改建，甚至于农民起义的口号，例如东汉末年黄巾军起义的口号就是"苍天已死，黄天当立"。

之后，北宋邵雍在《皇极经世》中提出"元会运世"说，其移用干支方法，得出三十年为一世，十二世为一运，三十运为一会，十二会为一元的结论，也即 1 元＝12 会 ×30 运 ×12 世 ×30 年＝129600 年。根据邵雍，一元是一个完整的周期，代表了自然史的一次生灭过程。然后是下一个周期重新开始。如此循环往复，以至于无穷。而王夫之的历史观中也包含有循环思想，但他说的是治乱的交替循环："天下之势，一离一合，一治一乱而已。"（《读通鉴论》卷十六）这应当说剔除了以往历史循环论中常有的神秘色彩，而更赋予循环以客观理性的认识。

人生的取向是怎样的

人生的取向是怎样的，对此，中国古代哲学家也有着丰富且有价值的看法。在儒家这里，它首先被归结为一种理想人格。所谓理想人格，在古代儒家哲学术语中称作“圣人”、“君子”等，意指完美的人。从伦理的角度讲，它指的是一定的道德理想，这种道德理想乃是成为圣人的必要前提。而从人的角度来讲，它又是指一种最理想的典范，是上述道德理想的集中体现。可见，理想人格问题就是怎样做人或做怎样的人的问题，简言之，就是取向或准则问题。对于理想人格的培养，早在孔子这里就已经有了最为基本的思考。同时，人性理论也是儒家非常关注的问题，因为这一问题不仅关涉人性的善恶，也关涉良好的个体品德与社会风尚的濡养。这其中，孟子的性善论与荀子的性恶论是最为深刻的。道家对于人生问题的思考与儒家有所不同，无论是老子，还是庄子，都更偏向于一种处世的态度、方式，这是另一种类型的人生取向，我们通常将其归结为人生观。

儒家的理想人格及其培养

儒家有所谓“内圣外王”的理想。上一章中的儒家思想主要涉及外王的内容，也就是《大学》“八条目”中所说的齐家、治国、平天下。但外王是以内圣作为基础的，按《大学》，这部分内容可归结为修身，即德性的培养，具体包括正心、诚意。《大学》开头又说：“大学之道，在明明德，在亲民，在止于至善。”这里的明德、至善都是指一种理想的道德境界，而其体现在人的身上就是完美的理想人格。事实上，这部分内容早在先秦时期的儒家这里就已经基本定型了。

由孔子奠定的儒家理想人格

儒家的理想人格大致有如下一些原则，它主要是由孔子奠定的。

第一，道义原则。道义原则实际主要是围绕义利问题展开的，主要有以下规定:（1）义以为上。孔子说:“君子义以为上。”（《论语·阳货》）这里的“上”即是第一位的。以后荀子发挥道：“君子可以有势辱，而不可以有义辱。”（《荀子·正论》）道义是如此重要，以至孔子不无夸张地说：“朝闻道，夕死可矣。”（《论语·里仁》）（2）重义轻利。义以为上其实是相对利以为下而言的。如孔子说：“见利思义。”（《宪问》）“不义而富且贵，于我如浮云。”（《述而》）但当孟子说：“何必曰利，亦有仁义而已矣。”（《孟子·梁惠王上》）这就变为一种唯道义论了。（3）安贫乐道。人难免有困顿之时，君子当如何面对？孔子强调：“富与贵，是人之所欲也；不以其道得之，不处也。贫与贱，是人之所恶也；不以其道得之，不去也。君子去仁，恶乎成名？君子无终食之间违仁，造次必于是，颠沛必于是。”（《里仁》）孔子更举其弟子颜回为例：“贤哉，回也！一箪食，一瓢饮，在陋巷，人不堪其忧，回也不改其乐。贤哉，回也！”（《雍也》）此外如前所述，在此问题上，儒家学者又每每将君子与小人对立起来。

第二，理想原则。这一原则是以道义论为基础的，它具体包括：（1）独善其身。如果说“安贫乐道”是面对贫富问题时的选择，那么，“独善其身”则是面对善恶问题时的选择。孔子说：“天下有道则见，无道则隐。”（《泰伯》）“道不行，乘桴浮于海。”（《公冶长》）孟子也说：“穷则独善其身，达则兼善天下。”（《尽心上》）（2）守死善道。“守死善道”即勇于坚持真理。坚持真理就是：“当仁，不让于师。”（《卫灵公》）“笃信好学，守死善道。”（《泰伯》）（3）坚持气节。孔子说：“三军可夺帅也，匹夫不可夺志也。”（《子罕》）曾参说：“可以托六尺之孤，可以寄百里之命，临大节而不可夺也。君子人与？君子人也。”（《泰伯》）（4）以身殉道。以上种种道德濡养与实践的最终升华就是以身殉道。孔子说：“志士仁人，无求生以害仁，有杀身以成仁。”（《卫灵公》）孟子说：“志士不忘在沟壑，勇士不忘丧其元。”（《滕文公下》）“天下无道，以身殉道。”（《尽心上》）这一理想将儒家道德提高到了至高的境界，因为没有什么比生命更宝贵了，以牺牲生命所换取的德性必定是最高的德性。

《三圣图》，元赵孟頫作。中为孔子，两位弟子颜回（左）和曾参正在聆听孔子的教诲。三人衣服上满书小楷，文为《论语》。

第三，至善原则。至善原则主要包括：（1）忠恕。这一原则其实是仁爱精神的具体体现，是以“他人”作为出发点的，它具体包含两方面内容，分别是：“己所不欲，勿施于人。”（《卫灵公》）“己欲立而立人，己欲达而达人。”（《雍也》）前者是讲自己不能做

山东曲阜孔府忠恕堂内景。忠恕堂因“夫子之道，忠恕而矣”而名，是孔子嫡系后裔学诗学礼的地方。

到的就不应当要求别人做到，[28]后者是讲一个人在自己完善德性的同时也将这一德性施于他人。事实上，忠恕可能包含有多重含义：严以律己，宽以待人，设身处地，推己及人。（2）中庸。这在前面已有过专门考察。而作为一种理想人格，孔子强调说：“中庸之为德也，其至矣乎！”（同上）即“中庸”是一种至德，是道德修养的最高境界。孔子又举例道：“不得中行而与之，必也狂狷乎！狂者进取，狷者有所不为也。”（《子路》）不过孔子也指出作为“德之至”的中庸在实行中很容易被混淆为“德之贼”的“乡愿”，即和事佬。（3）成人。“成人”也就是真、善、美或知、情、意等的统一。如孔子说：“兴于诗，立于礼，成于乐。”（《泰伯》）荀子在此基础上进一步解释道：“君子知夫不全不粹不足以为美也。”（《劝学》）这些都是从完美的角度来思考理想的人格。又有关情感和审美的问题后面将专门讨论。

28 1993年在芝加哥召开的世界宗教议会将“己所不欲，勿施于人”（不同的宗教或伦理系统的表述不尽相同，但思想却基本相同）这样一个原则作为处理人类相互关系的金规则。

第四，自律原则。在儒家学者看来，道德不应当是他律或强加的。如孔子与孟子分别说过：为仁由己，而由人乎哉？（《颜渊》）由仁义行，非行仁义也。（《离娄下》）自律原则具体包括：（1）求己。这就是不断对自己提出善的要求。孔子说："君子求诸己，小人求诸人。"（《卫灵公》）孟子说："仁者如射，射者正己而后发；发而不中，不怨胜己者，反求诸己而已矣。"（《公孙丑上》）（2）内省。求己进而内省。孔子说："见贤思齐焉，见不贤而内自省也。"（《里仁》）孔子的弟子曾参说："吾日三省吾身——为人谋而不忠乎？与朋友交而不信乎？传不习乎？"（《学而》）（3）改过。人孰无过，问题不在于是否有"过"，而在于能否认识和改正这个"过"也即缺点或错误。孔子说过："过，则勿惮改。"（同上）"过而不改，是谓过矣。"（《卫灵公》）（4）慎独。这就是在独处时亦能自行恪守道德准则。如《中庸》说："君子戒慎乎其所不睹，恐惧乎其所不闻，莫见乎隐，莫显乎微，故君子慎其独也。"自律原则与他律原则是不一样的，他律原则是通过外在命令的形式来实现的，这更接近伦理；而自律原则却必须诉诸内省，这偏向于道德。[29]

通观由孔子所奠定的儒家理想人格，我们感受到一种凛然正气，其堂堂正正，顶天立地。这一理想人格自古以来一直是中华文明的巨大精神支柱，它指引和照耀着这个民族，并成为这个民族的"灵魂"。而这种人格修养又必然会转换成对社会与历史的责任感。事实上，许多优秀的思想家也都有这样的担当，如孟子说："如欲平治天下，当今之世，舍我其谁也？"（《公孙丑下》）张载说："为天地立心，为生民立道，为去圣继绝学，为万世开太平。"（《张子语录》）这也是由内圣而外王。不过我们也应当注意，儒家的理想人格有一种"君子"或精英的品格，这样一种定位在很大程度上意味着：当作为士大夫的"君子"在享用道德教养的时候，作为"小人"的普通大众则是基本被排除在外的。[30]就道德培养而言，这种状况直到宋代以后才有所改变，这在上一章"教化与中华文明的伦理传统"中已有过考察。

---

29 若与亚伯拉罕宗教系统的伦理加以比较，新教伦理当与此最为接近。而在西方哲学或伦理学中，康德的认识与此非常相似，康德说："道德法则无非表达了纯粹实践理性的自律，亦即自由的自律。"康德：《实践理性批判》，商务印书馆 1999 年，第 34、35 页。

理想人格的培养

儒家学者不仅从多方面阐述了理想人格的特征，同时也在如何培养理想人格上提出了自己的见解，如以下两方面就十分突出：

第一，理性的完整与统一。这里所说的理性，包括知识与道德，也即真与善。在儒家哲学中，它们分别被称为仁（善）与知或智（真），并且这二者是相统一的。

孔子是仁知统一学说的开创者。一部《论语》中，“仁”与“知”常常是放在一起并提的：

> 樊迟问仁，子曰：爱人。问知，子曰：知人。（《颜渊》）
>
> 子曰：……仁者安仁，知者利仁。（《里仁》）

孔子为何要将“仁”与“知”并提？应当说，这正体现了理性的高度自觉。在孔子看来，“仁”与“知”二者的关系是：仁就是道，就是真理；而知则是求道，或求真理。这其中，仁也即道德是第一位的，这显示了孔子对于道德问题的重视，或对于真理问题的认识。但仁又要通过知来把握，如果没有知，也就不可能有真正的仁。如孔子说：“多闻，择其善者而从之，多见而识之。”（《述而》）“择其善者而从之，其不善者而改之。”（同上）可以这样说，孔子开创了真与善、知识与道德、认识论以及方法论与伦理学的统一。此外，在儒家这里，美德与智慧的统一不仅体现为仁知统一，也体现为义知统一，即智慧对于道义有深切的认识。确切地说，就是对义利关系有深切的认识，并能作出正确的选择，例如孟子说：“生亦我所欲也，义亦我所欲也；二者不可得兼，舍生而取义者也。”（《告子上》）在这种选择中，理性自觉得到高度的体现。

第二，志向与勇气的培养。孔子就十分强调立志，他说自己是“吾十有五而志于学”（《为政》），即十五岁时已确立了“志于仁”、“立于道”的方向。与孔子一样，孟子也强调“志”在培养理想人格

---

30 与亚伯拉罕宗教更为“普世”的关怀相比，这无疑存在着一定的缺陷，马克斯·韦伯对此有深入的论述。

中的作用，他说：

> 我知言，我善养吾浩然之气……其为气也，至大至刚，以直养而无害，则塞于天地之间。（《公孙丑上》）
>
> 故天将降大任于是人也，必先苦其心志，劳其筋骨，饿其体肤，空乏其身，行拂乱其所为。（《告子下》）

在孟子看来，“志”的培养首先就是要“养浩然之气”，并且这是一个持久不懈的过程。同时，“志”的培养又是一种磨练，环境愈是艰难，就愈能磨练人的意志。当然，意志又与勇气密切相关。“匹夫不可夺志”、“有杀身以成仁”、“志士不忘在沟壑，勇士不忘丧其元”这样的勇气也是在平素一点点培养和积累起来的。一部《孟子》中，我们就看到了一个巍然挺立、傲视权贵的大丈夫形象。如孟子说：

> 贫贱不能移，威武不能屈，此之谓大丈夫。（《滕文公下》）

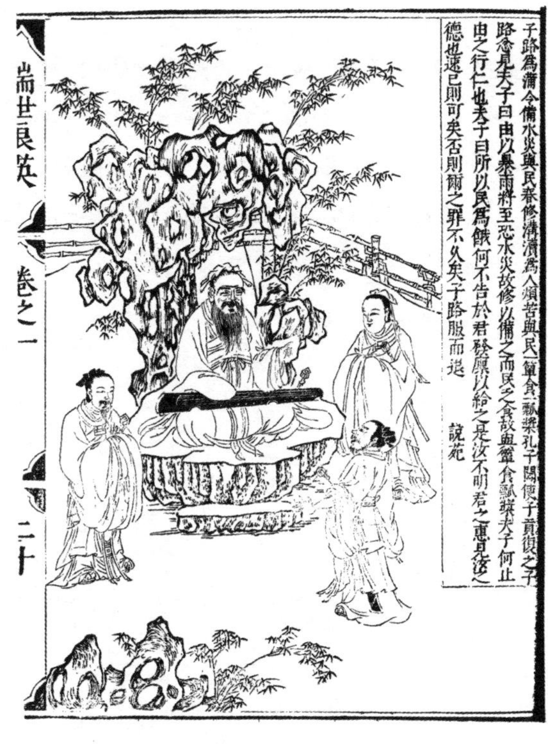

孔子教子路行仁，《瑞世良英》卷一《说苑》。

又说："彼，丈夫也；我，丈夫也。吾何畏彼哉！"（《滕文公下》）"说大人，则藐之，勿视其巍巍然。"（《尽心下》）以后荀子也说："是故权利不能倾也，群众不能移也，天下不能荡也。生乎由是，死乎由是，夫是之谓德操。"（《劝学》）"口可劫而使墨云，形可劫而使诎申，心不可劫而使易意。是之则受，非之则辞。"（《解蔽》）不向权威屈服，不向势众折腰，恪守理想，保持节操。在这些论述中，我们清楚地看到儒家的人格品质与力量是如何不断向上提升的。

音乐与人格培养

传统儒家理想人格的培养不仅包括理性与意志，而且还包括情感。一种健康美好的情感往往是健康美好的德性的体现。那么这样一种情感是用什么方式来濡养的呢？儒家学者认为音乐至为重要。

成于乐

儒家学者对于音乐的重视毫无疑问受到周代礼乐制度或文化的深刻影响。孔子说过：

兴于诗，立于礼，成于乐。（《论语·泰伯》）

作为教育，启蒙阶段用诗歌，养成阶段用礼仪，完善阶段用音乐。也就是说，“成于乐”是人格培养的最高阶段，这无疑将音乐在人格培养中的作用提到了极高的地位。孔子自己就深深得益于音乐的熏陶。如孔子说：“师挚之始，《关雎》之乱，洋洋乎盈耳哉。”（《泰伯》）从师挚开始演奏，到《关雎》结束演奏，耳朵里一直充盈着美的享受。又据记载，“子在齐闻《韶》，三月不知肉味，曰：‘不图为乐之至于斯也’。”（《述而》）而经过这样的审美训练和情感濡养，人又能够达到一种很高的境界。《论语·先进》中记载了这样一个故事，孔子让几个学生各言其志，子路、冉求、公西赤纷纷陈说，最后轮到曾点，孔子问：“点，尔何如？”曾点曰：

莫春者，春服既成，冠者五六人，童子六七人，浴乎沂，风乎舞雩，咏而归。

即暮春时节，草长莺飞，与同道、后进踏青而行，在乍暖还寒的沂水中洗洗澡，在古代遗留下来的祈雨台上吹吹风，然后一路唱着歌回家。我们看到，曾点的回答不为现实所羁，充满了理想和愉悦。孔子喟然叹曰："吾与点也！"即赞同曾点的想法。是啊，这是何等的美好，它是真正的"人"的快乐。

之后，《乐论》和《乐记》对音乐在人格培养中的意义作出了更为清晰、完整的论述。《乐论》是荀子的著述，其中明确讲到："故乐者，所以道乐也。金石丝竹，所以道德也。"《乐记》承接了《乐论》的观点，非常重视乐与德的密切关系，如："乐者，通伦理者也。""礼乐皆得，谓之有德。"（《乐本》）"乐者，所以象德也。"（《乐施》）"乐者，德之华也。"（《乐象》）同时，《乐论》与《乐记》又都清楚地表明了音乐之于情感的重要意义，如《乐论》说："夫乐者，乐也，人情之所必不免也。"《乐记》说："凡音者，生人心者也。情动于中，故形于声。声成文，谓之音。"（《乐本》）"乐也者，情之不可变者也。"（《乐情》）应当看到，明确音乐与情感的关系意义重大，这表明人格培养与情感和审美有着密切的关系，换言之，完整的人格应当包含情感与审美的内容。此外，《乐论》与《乐记》还都强调了音乐之于教化，确切地说就是之于感化人心和移风易俗的作用，这应当是人格或道德培养的延伸。如《乐论》说："乐者，圣人之所乐也，而可以善民心，其感人深，其移风易俗。故先王导之以

辽宁兴城古城文庙内的石刻壁画：孔子教礼乐。

北京故宫养心殿内的礼乐编钟

礼乐，而民和睦。”《乐记》说：“故乐行而伦清，耳目聪明，血气和平，移风易俗，天下皆宁。”“是故君子反情以和其志，广乐以成其教，乐行而民乡方，可以观德矣。”（《乐象》）音乐可使人心向善，人心向善也就实现了道德目标，因此推广音乐以成就教化非常重要。

中和之美

“中和”观念是儒家的重要观念，它代表着中正、适中、和谐、平和。其实这一观念和概念就是中观念与和观念的结合形态，在前面分别已经有过考察。哲学意义的中和概念最早见于《中庸》：“喜怒哀乐之未发谓之中，发而皆中节谓之和。中也者，天下之大本也；和也者，天下之达道也。致中和，天地位焉，万物育焉。”这可以说是早期儒家经典对于“中和”这一观念及概念的最完整的表述。这其中对于“中”的解释未见得合理，而将“和”理解为中节则是清晰的，其实这也就是孔子对于中庸本质的理解。无疑，中和观念有着明显的道德属性，这可以从其中庸的实质中看出。同时，中和观念也有着明显的理想特征，如“天下之大本也”、“天下之达道也”、“天地位焉，万物育焉”。但总的来说，《中庸》对于中和并未作出很清晰明确的阐释。那么究竟怎样来理解中和这一概念呢?

事实上，中和观念在很大程度上是审美意义上的。中和观念的道德属性与理想特征乃与音乐密切相关，它是在对音乐审美的讨论中逐渐发展并完善起来的。就此而言，我们可以称中和之美。那么，中与和这样两种观念与概念又是怎样在音乐理论中被结合起来的呢？中和观念及概念又究竟是怎样在音乐理论中形成的呢？

如前面考察所见，中国最早的“和”观念可以追溯到《尚书·尧典》：“诗言志，歌永言，声依永，律和声。八音克谐，无相夺伦，神人以和。”而这段论述正是有关音乐的。之后，《国语·周语下》中所记载的周景王与单穆公、伶州鸠之间有关音乐问题的问答对于中和观念的形成非常重要。如单穆公说到：“先王之制钟也，大不出钧，重不过石。”“今王作钟也，听之弗及，比之不度，钟声不可以知和，制度不可以出节，无益于乐，而鲜民财，将焉用之。”“若视听不和，而有震眩，则味入不精，不精则气佚，气佚则不和。于是乎有狂悖之言，有眩惑之明，有转易之名，有过慝之度。”我们看到，在这里“和”概念反复出现，这应当是《尚书·尧典》思想的延续。同时，单穆公还使用了“节”、“度”这样一些概念，而所谓节、度其实就是指中或适中，也就是事物内在或自身的合理性。同样，伶州鸠也说到：“夫政象乐，乐从和，和从平。声以和乐，律以平声。”“物得其常曰乐极，极之所集曰声，声应相保曰和，细大不逾曰平。”“细抑大陵，不容于耳，非和也。听声越远，非平也。妨正匮财，声不和平，非宗官之所司也。夫有和平之声，则有蕃殖之财。于是乎道之以中德，咏之以中音，德音不愆，以

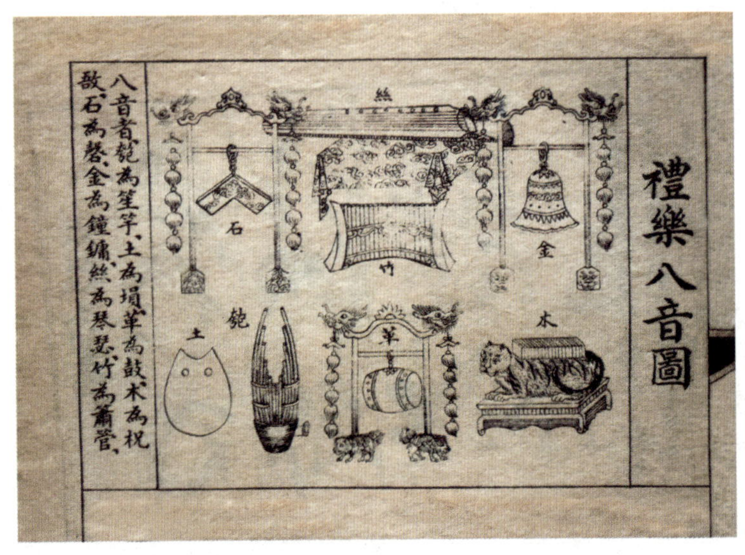

《绘图详注蒙学三字经》插图：礼乐八音图，民国初年锦章书局绘制。中国古代礼乐有“八音”，即金、石、丝、木、土、革、匏、竹。其中“金”是指用青铜铸造的乐器，主要是钟，其次有钲、铙等；石指石质乐器，主要为编磬；丝指弦乐器，如筝、瑟等；竹指竹类乐器，如排箫、篪等；土质乐器有埙；木类乐器有柷；匏类乐器有笙；革类乐器有鼓等。

中唐壁画《观无量寿经变》中的八人伴奏小乐队，甘肃榆林窟20窟南壁。台中为舞伎，两侧各一组四人乐队坐毯上相对伴奏，演奏乐器有：直项方头琵琶、笙、筚篥、海螺、拍板、排箫、横笛和竖笛。

合神人，神是以宁，民是以听。若夫匮财用，罢民力，以逞淫心，听之不和，比之不度，无益于教，而离民怒神，非臣之所闻也。”“律所以立均出度也，古之神瞽考中音而量之以制。”“大昭小鸣，和之道也，和平则久。”“凡人神以数合之，以声昭之，数合声和，然后可同也。”伶州鸠的论述显然又提供了新的内容，这就是“中”、“平”这样两个概念，音乐应当平和或者中和。而如果结合单穆公与伶州鸠的论述，我们会看到围绕音乐审美的概念有：和、节、度、中、平。这实际就是中和观念。换言之，中和观念在西周末年的音乐活动及思想中已经形成。

《左传》中同样有类似的思想。如《左传·襄公二十九年》中有一段吴公子季札谈音乐的记述：“为之歌《颂》，曰至矣哉！直而不倨，曲而不屈，迩而不偪，远而不携，迁而不淫，复而不厌，哀而不愁，乐而不荒，用而不匮，广而不宣，施而不费，取而不贪，处而不底，行而不流。五声和，八风平，节有度，守有序，盛德之所同也。”这里对于《颂》的赞美竟一气使用了十四组“……而不……”的表述，如前所见，这就是典型的中观念。同时，这段论述中还有和、平、度、序等相关概念。又《左传·昭公元年》中也记载了医和的论述：“先王之乐，所以节百事也，故有五节，迟速本末以相及。中声以降，五降之后，不容弹矣。于是有烦手淫声，慆堙心耳，乃忘平和，君子弗听也。”在这里，我们第一次听到了关于使用五声音阶的审美理论论证。所谓“中声以降，五降之后，不容弹矣”就是说只取宫、商、角、徵、羽这五音，而不取其他音。我们知道，在七声音阶中，宫、商、角、徵、羽是五个整音，而变宫、变徵则是两个半音。按医和，作为整音的宫、商、角、徵、羽是和谐的，但变宫、变徵由于其半音的性质及其特点就不够和谐，也即是“烦手”与“淫声”。这一看法对日后中国古典音乐审美观产生了极其深刻的影响。同样，医和的论述也使用了中、节、平、和等概念。

而以上思想也直接影响到孔子。如孔子评价《关雎》是“乐而不淫，哀而不伤”（《论语·八佾》），又说“郑声淫”（《卫灵公》）。好的歌曲可以陶冶人的情操，使人向善，但不好的曲调则可能有伤风化，使人趋恶。这些思想中无疑包含了中和观念。并且孔子还更广泛地涉及了中和观念，如：“中庸之为德也，其至矣乎！”（《雍也》）“君子和而不同，小人同而不和。”（《子路》）

之后，《乐论》与《乐记》这两部中国最早的音乐学专著又进一步继承和发展了上述思想。如《乐记》中说：

是故先王之制礼乐，人为之节。（《乐本》）
大乐与天地同和，大礼与天地同节。（《乐论》）
乐者，天地之和也。（《乐论》与《乐礼》）
灭平和之德，是以君子贱之也。（《乐言》）

这里不仅包含了节、和、平等概念，而且视平和为君子之德。更重要的是，《乐论》与《乐记》中都提到乐是“中和之纪”。如《乐记》说：

故乐者，天地之命，中和之纪，人情之所不能免也。（《乐化》）

在这里，音乐被提升到天地纲纪的高度。而且，若加以比较，我们又会注意到这段论述与《中庸》“喜怒哀乐之未发谓之中，发而皆中节谓之和。中也者，天下之大本也；和也者，天下之达道也。致中和，天地位焉，万物育焉”这一论述的思想是一致的。如此，至高无上的中和之美也就成为人格培养不可或缺的重要内容。当然，这样一种中和之美同样也会向教化延伸。《乐论》与《乐记》有一段相似的论述对此有清楚的反映，此引《乐记》：“是故乐在宗庙之中，君臣上下同听之，则莫不和敬；在族长乡里之中，长幼同听之，则莫不和顺；在闺门之内，父子兄弟同听之，则莫不和亲。故乐者，审一以定和，比物以饰节，节奏合以成文，所以合和父子、君臣，附亲万民也，是先王立乐之方也。”（《乐化》）[31]

31 类似的思想也见于《吕氏春秋》，如：“声出于和，和出于适。”（《大乐》）“故乐之务在于和心，和心在于行适。”（《适音》）“故君子反道以修德，正德以出乐，和乐以成顺。乐和而民乡方矣。”（《音初》）

儒家的人性理论

讲人生取向不能不讲人性理论。人性问题很可能在春秋时期就已经逐渐形成了，如《左传·襄公十四年》中记载师旷说："天生民而立之君，使司牧之，勿使失性。"并且当时还出现了"小人之性"、"膏粱之性"一类的提法，如"夫小人之性，衅于勇、啬于祸"（《左传·襄公二十六年》），"夫膏粱之性难正也"（《国语·晋语七》）。这显然已经开始将人性问题与善恶问题联系在了一起。诸子时期有不少学派和学者都涉及过人性问题，但儒家人性理论无疑是中国古代人性理论的最主要部分。实际上儒家创始人孔子并未深入探讨过人性问题，《论语》中记载孔子谈论人性只有一处："性相近也，习相远也。"（《阳货》）孔子对于人性问题的疏略也在其弟子的说法里得到证明，《公冶长》中记载子贡的话说："夫子之言性与天道不可得而闻也。"1993 年在湖北荆门郭店出土的竹简中有《性自命出》一篇，据学者们研究，其属儒家著作，并且主要讨论了人性问题。不过，在儒家具有奠基性的人性理论中，孟子的性善论和荀子的性恶论毫无疑问是最具代表性的，这两种理论不仅在当时达到了各自论述或论证的最高水平，而且对后来的人性理论也产生了极其深刻的影响。

孟子：性善论

对中国人来说，孟子的性善论是再熟悉不过的了。曾经作为识字启蒙读本的《三字经》，一开头就是"人之初，性本善"。在很长一段时间里，这句话几乎成了不言自明的定理，也成为中国人的一个基本信念。

作为一种理论，孟子的性善说是从与告子的人性学说论战开始的。从《孟子》一书中，我们大略知道告子的人性学说有三个要点：食色性也；生之谓性；性无善无不善。告子的这一人性理论强调了人的

孟子像，北京故宫南薰殿藏画。孟子（约前372—前289）名轲，邹（今山东邹城市）人，战国时期伟大的思想家，儒家的主要代表之一。

动物本能或自然本性是生命的物质基础，同时，其不赋予人性以先天的道德属性。应该说，这一人性学说有其合理性。但这一学说显然也存在致命的弱点，这就是把人性单纯地理解为自然本性，或仅仅理解为动物本能，这就将人与动物等同起来。孟子正是抓住了这一点来加以反驳。针对告子的“生之为性”，孟子反问：“然则犬之性犹牛之性；牛之性犹人之性与？”（《孟子·告子上》）如果说人性就如同狗性、牛性，这恐怕是任何人都难以接受的。那么什么是人性呢？孟子阐述了自己的观点：

> 恻隐之心，人皆有之；羞恶之心，人皆有之；恭敬之心（亦作辞让之心），人皆有之；是非之心，人皆有之。恻隐之心，仁也；羞恶之心，义也；恭敬之心，礼也；是非之心，智也。仁义礼智，非由外铄我也，我固有之也，弗思耳矣。（同上）

这就是孟子著名的人性“四端”说。人对他人都有一种同情心，这就是仁；自己做了不正当的事，内心总会感到羞愧，这就是义；见到尊长，言语举止自然就会恭敬，这就是礼；对于人的一切行为，心中都自然产生道德上的是非判断，这就是智。孟子认为这“四端”从根本上都不是由后天习得的，而是人的内心即本性生来具有的。为了论证，孟子还举了这样一个例子：“乍见孺子将入于井，皆有怵惕恻隐之心。”（《公孙丑上》）看见孩子要掉到井里，任何人都会产生恻隐之心并施以援助，这就是人的道德本性，孟子也称之为“良知”、“良能”。孟子强调说：“无恻隐之心，非人也；无羞恶之心，非人也；无辞让之心，非人也；无是非之心，非人也。”（同上）没有“四端”的道德心，也就不成其为人。显然，与告子以动物本能作为人的本性不同，孟子是以人的道德心作为人的本性。这就是孟子性善论的要义，其意义在于将人与动物的本质作了截然的区分。

那么，生物之性或利益需求难道不属于人的本性吗？其实孟子也并未绝然否定人的生物性需求，他说：“口之于味也，目之于色也，耳之于声也，鼻之于臭也，四肢之于安佚也。性也，有命焉，君子不谓性也。仁之于父子也，义之于君臣也，礼之于宾主也，智之于贤者也，圣人之于天道也。命也，有性焉，君子不谓命也。”（《尽心下》）但孟子的主张是：对于感官的满足、利益的需要，不认为是本性所在而必求其实现，交付命运可也；但对于道义的要求或德义的实现，则不可以交付命运，而应不惜生命而为之，这才是人性的真正体现。

与此相关，孟子的性善论也决定了其道德内求或反思的路向，孟子称之为“反求诸己”。孟子说：“行有不得者皆反求诸己。”（《离娄上》）即行为若不理想就应当反躬自问或自我反省。事实上，这也是“非由外铄我也，我固有之也”这一性善本质所决定的。同时，这一道德内求或反思的路向又决定了道德自觉的品质。孟子说：“人之所以异于禽兽者几希……由仁义行，非行仁义也。”（《离娄下》）这是说，人与动物的区别就在那么一点点，这就是人具有的道德心。在这里，孟子提出了道德之为道德的一个本质特征：道德并不仅仅意味着行为符合社会的规范，而在于从根本上意味着自觉地认识，并自愿地遵循那些最高的价值准则。[32] 不仅如此，孟子还提出：“人皆可以为尧舜。”（《告子下》）这就是说，任何人只要能积极有为，就都有可能成为圣人。孟子的这些思想可以说是十分深刻的，它尤其对后来陆王心学一脉产生了深远的影响，甚至至今都值得我们认真思考。

当然，孟子的性善说也存在着明显的理论困难或者缺陷，这就是将人性几乎完全归结于道德属性，并将自然属性“拒之门外”，而这也正是荀子所要批评的。

32　这一层意思，在西方哲学史上是迟于孟子 2000 多年的康德首先认识到的，并成为康德伦理学的核心观念。康德说：“要使一件事情成为善的，只是合乎道德规律还不够，而必须同时也是为了道德而作出的。”康德：《道德形而上学原理》，上海人民出版社 1986 年，第 38 页。

荀子（前 313—前 238），名况，字卿，战国时期思想家、教育家，儒家代表人物之一。

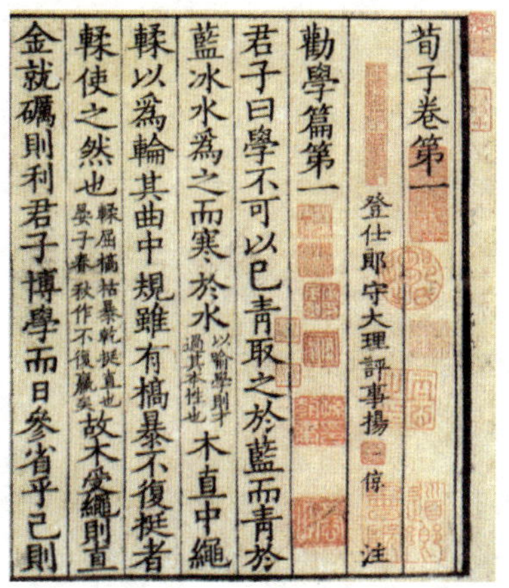

荀子卷第一

登仕郎守大理評事楊倞注

勸學篇第一

君子曰學不可以已青取之於藍而青於

藍冰水爲之而寒於水以喻學則才過其本性也木直中繩

輮以爲輪其曲中規雖有槁暴不復挺者

輮使之然也輮屈槁枯暴乾挺直也晏子春秋作不復贏矣故木受繩則直

金就礪則利君子博學而日參省乎己則

宋本杨倞《荀子》书影。《荀子》是儒家经典著作，唐杨倞所注《荀子》是较早较完善的注本。

荀子：性恶论

荀子的性恶说在中国思想史上也极为著名。荀子对孟子性善说颇不以为然，他专门写了一篇《性恶》，其中矛头直指孟子："孟子曰：人之性善。曰：是不然。凡古今天下之所谓善者，正理平治也；所谓恶者，偏险悖乱也；是善恶之分也已。今诚以人之性固正理平治邪？则有（又）恶用圣王，恶用礼义矣哉！虽有圣王礼义，将曷加于正理平治也哉？"在这里，荀子从人性之"本来具有"义出发抓住了孟子性善说的理论缺陷。荀子认为，如果真像孟子所说的那样人性本善，那么社会自然"正理平治"，又何必称道圣王！又何用制定礼义！在荀子看来，之所以有国家、有君主、有礼义、有法律，等等，正证明了人性本恶。

在荀子看来，孟子是不知道性（自然）与伪（人为或道德）之间的区别的。为此，荀子对这二者作了严格的界分。

何谓"性"？荀子说："生之所以然者谓之性"，"不事而自然谓之性。"（《荀子·正名》）也就是说，性是人的自然材质。具体地，荀子又将性理解为人的本能欲求，他说："若夫目好色，耳好声，口好味，心好利，骨体肤理好愉佚，是皆生于人之情性者也。"（《性恶》）那么何为性恶？荀子说：

> 今人之性，生而有好利焉，顺是，故争夺生而辞让亡焉。生而有疾恶焉，顺是，故残贼生而忠信亡焉。生而有耳目之欲，有好声色焉，顺是，故淫乱生而礼义文理亡焉。然则从人之性，顺人之情，必出于争夺，合于犯分乱理而归于暴。（同上）

在荀子看来，如果人性的自然欲求不加节制，而一味任其发展，则必然产生争夺、残杀、淫乱等暴行，这就是性恶。

知道了性，知道了性恶，于是，“伪”也就顺理成章地被引出。首先，伪有别于性：“虑积焉，能习焉，而后成谓之伪。”（《正名》）伪是积习的结果。并且，伪用于校正性恶：

> 人生而有欲，欲而不得，则不能无求，求而无度量分界，则不能不争。争则乱，乱则穷。先王恶其乱也，故制礼义以分之，以养人之欲，给人之求。使欲必不穷乎物，物必不屈于欲，两者相持而长，是礼之所起也。（《礼论》）

对于上述这样一种“性伪之分”，荀子还有许多清晰的解说，例如：“凡性者，天之就也，不可学，不可事。礼义者，圣人之所生也，人之所学而能，所事而成者也。不可学、不可事而在人者，谓之性；可学而能、可事而成之在人者，谓之伪。是性伪之分也。”（《性恶》）又如：“性者，本始材朴也；伪者，文理隆盛也。”（《礼论》）而对这样一个由“性”而“伪”的过程，荀子也称作“化性而起伪”（《性恶》）。荀子认为：“故必将有师法之化，礼义之道，然后出于辞让，合于文理，而归于治。”（同上）通过这些论述，荀子向人们指出：善也即德性是后天养成的，人性虽本恶，但通过后天的修养或教养，便可以向善转化。

在此基础上，与孟子的“人皆可以为尧舜”思想相似，荀子也提出了“涂之人可以为禹”这一思想。荀子说：“涂之人可以为禹，曷谓也？曰：凡禹之所以为禹者，以其为仁义法正也。然则仁义法正，有可知可能之理。然而涂之人也，皆有可以知仁义法正之质，皆有可以能仁义法正之具。然则其可以为禹明矣。”（《性恶》）这就是说，通过“化性起伪”这一正确的道路或方法，任何人都有可能成为圣人。可以说，“涂之人可以为禹”是“化性起伪”思想的终极表述。

总的来说，荀子的性恶说要比告子的性无善恶说深刻得多，也要比孟子的性善说深刻得多。荀子既不像告子仅仅从自然属性来理解人性，也不像孟子将人性简单归于道德属性，荀子是从社会的角度出发来探讨人性，这可以说是抓住了人性问题的要害，并且这也正是荀子思想的深刻之所在。当然，荀子的人性理论也并非没有问题。荀子说：“问者曰：人之性恶，则礼义恶生？应之曰：凡礼义者，是生于圣人之伪。”（同上）这即是说，善或致善之礼来自于圣人。那么我们要追问：圣人之善何来呢？显然，这是荀子及那个时代和社会所无法回答的。但是我们看到，后世儒家更认可的是孟子的性善论而非荀子的性恶论，这的确是非常有“意味”的，它表明了中国人的一种观念与思维取向。

人性理论的发展

汉代以后，人性理论有了新的发展。一般来说，汉代以后的人性理论可以分为两个阶段，其中汉唐时期是第一个阶段，宋明时期是第二个阶段。但若忽略这两个阶段的一些具体细节，有一个基本特征是它们所共有的，这就是它们都既吸收了孟子的思想，又吸收了荀子的思想，并将这两个人的思想融于一个体系之中。

汉唐时期人性理论的经典样式是性三品说，这种人性理论最初开始于董仲舒，其按上、中、下三品将人分成圣人之性、中民之性和斗筲之性。不过董仲舒说过："圣人之性不可以名性；斗筲之性又不可以名性；名性者，中民之性。"（《春秋繁露·实性》）意思是说圣人之性与斗筲之性都是确定不变的（这明显受到孔子"唯上知与下愚不移"思想的影响），人性主要是就中民之性而言，因为中民之性可变。"中民之性如茧如卵。卵待覆二十日而后能为雏，茧待缫以涫汤而后能为丝，性待渐于教训而后能为善。"（同上）与此同时，董仲舒又以这个时代的基本理论——阴阳学说作为人性理论的框架，以为人的本质也是由阴阳构成的。他说："天两，有阴阳之施；身亦两，有贪仁之性。"（《深察名号》）这之中，阳者为仁为善，阴者为贪为恶，人性生来就有善恶。也正因为人性（中民之性）生来有善恶两个方面，教化就显得特别重要。可以看出，这样一种理论既糅进了孟子性善论的内容，又糅进了荀子性恶论的内容，同时更糅进了孟荀二人提倡修养、强调教化的思想。这样一来，人性理论便变得非常"完整"了。以后，唐代（618—907）韩愈的人性理论也大体如此。

值得注意的是，佛教思想家有关佛性的看法其实也与人性问题有关，尤其是与孟子的人性理论有几分相似，只是孟子讲善性，佛教讲佛性。如东晋（317—420）佛教学者竺道生认为众生皆有佛性，他说："一切众生，皆当作佛"，"一切众生，莫不是佛。"（《妙法莲花经疏》）以后慧能又说："自性若悟，众生是佛；自性若迷，佛是众生。"（《坛经·付嘱品》）并说："佛向性中作，莫向身外求。"（《疑问品》）慧能的这一思想也在与神秀的对偈中体现出来："菩提本无树，明镜亦非台，本来无一物，何处惹尘埃。"

宋明时期的经典人性理论是性二元论，以张载与朱熹二人的理论最具代表性。在张载这里，它被称作"天地之性"和"气质之性"；在朱熹这里，则被称作"天命之性"和"气质之性"。如朱熹说："论天地之性，则专指理言；论气质之性，则以理与气杂而言之。"（《朱子语类》卷四）性二元论理论的构筑是出于这样一种考虑：世界由两部分组成，一部分是本原或本体，另一部分是现象或现存。而人性正是与这两个部分相对应的。其中与本原或本体相对应的便是“天地之性”或“天命之性”，这部分性至纯至善，是人所共有的，可以称作本性。人性的另一部分与现象或现存相对应，由流行的阴阳二气构成，由于阴阳有清浊，故人性亦有善恶。一句话，恶或不善是来自于气质之性。不过，性二元论在张载与朱熹这里又有区别，这表现在张载所谓的“天地之性”是来自于气，这与其气本体论相吻；而朱熹所谓的“天命之性”是来自于理，这与其理本体论相应。但是在教化问题上，张、朱二人又是相同的，即都要求对气质之性加以改造。如张载说：“为学大益，在自求变化气质。”（《经学理窟·气质》）也就是使气质之性向天地之性靠拢。可以看出，这样一种性二元论同样结合了孟子与荀子的理论，当然，其更加推崇的还是孟子的理论。

董仲舒（前 176—前 104），西汉广川（今河北枣强东北）人，经学家、思想家。他提出的“罢黜百家，独尊儒术”，“前德而后刑”等为汉武帝所采纳，使儒学成为中华文化的社会基础，影响长达两千多年。

不能否认，由汉唐至宋明，人性理论比起先秦来要精致完善得多。不过，理论的精致完善并不意味着思想的必然深刻。事实上，无论是性三品说，还是性二元论，其思想深刻程度远不如孟子和荀子，这其中一个十分重要的原因就在于孟子与荀子对于人性的思考是自由的，他们是对“真正”的问题的思考，而秦汉以后的思考则是为了追求理论结构的完善，甚至是为了满足现实统治的需要。不过我们又要看到，人性关乎教化，在这一点上，所有儒家人性理论是高度一致的，这也可以说是这些理论的共同指向与要旨。

道家的人生观

道家不说人格理想，但有丰富鲜明的人生观。无论是老子，还是庄子，都对文明持怀疑和否定态度，而这必然会反映到人生观上来。不过二者还是有所区别：老子表现得更有经验，更为世故；庄子则表现得更加天真，更为自由。究其原因，这大概在于老子是生活在现“世”的，而庄子则过着离“世”的生活。

老子的人生观

老子的人生观与其社会观是相对应的，同时，老子的辩证思想也在其人生观中得到充分的体现。“观看”老子的人生观，我们能够感受到其丰富的阅历与经验。如老子说：

> 曲则全，枉则直，洼则盈，敝则新，少则得，多则惑。（《老子·二十二章》）

委屈反能保全，屈枉反能伸直，卑下反能充盈，敝旧反能新奇，少有反而收获，多得反而迷惑。老子在这里表达了这样一种看法：委曲反能求全。

福建泉州清源山老君像

无疑，这样一种经验或理解是深刻的，当然也是富于心机的。老子又说：

> 知其雄，守其雌，为天下谿……知其白，守其黑，为天下式……知其荣，守其辱，为天下谷。（《二十八章》）

虽知什么是雄强，却安于雌弱；虽知什么是光彩，却安于暗昧；虽知什么是荣耀，却安于卑微。在这里，老子对好与坏、上与下之类的关系给出了辩证的解释，也指出了智慧生存的道路。类似的思想还有很多，例如：“明道若昧，进道若退，夷道若纇，上德若谷，大白若辱，广德若不足，建德若偷，质真若渝，大方无隅，大器晚成，大音希声，大象无形。”（《四十一章》）“大成若缺，其用不弊。大盈若冲，其用不穷。大直若屈，大巧若拙，大辩若讷。”（《四十五章》）

同时，老子劝人们对名、利、富贵、功业保持警惕或距离，他说：“持而盈之，不如其已。揣而锐之，不可长保。金玉满堂，莫之能守。富贵而骄，自遗其咎。功遂身退，天之道。”（《九章》）“甚爱必大费，多藏必厚亡。知足不辱，知止不殆，可以长久。”（《四十四章》）为人不可骄横、傲慢：“果而勿矜，果而勿伐，果而勿骄，果而不得已，果而勿强。”（《三十章》）从事应当谨慎、戒惕：“民之从事，常于几成而败之，慎终如始，则无败事。”（《六十四章》）老子认为最好的生存境况是处

16世纪绘画：老君。“老君”是对被神化了的老子的尊称。老子是道教最重要的经典《道德经》（又称《老子》）的作者，生于公元前6世纪。传说老君出生时就满头白发，巧嘴能言。

于柔弱的地位，因为“坚强者死之徒，柔弱者生之徒”，“强大处下，柔弱处上”（《七十六章》）。并且，“圣人之道，为而不争”（《八十一章》）。

从老子的这些话中我们可以看到老子的老练、圆熟，充满着生存的智慧甚至机巧、计谋。可以这样说，老子的人生观是其对“生存”经验（包括自身的经验、他人的经验；直接的经验、间接的经验；现实的经验、历史的经验）的总结。从社会的视角来看，它不啻是消极的和晦暗的，但对于一个“生存”的个体（尤其是在法制缺失、专制嚣张的社会）来说，它的确又是鲜活的和现实的。

庄子的人生观

庄子像。庄子（前369—前286）名周，蒙（今安徽蒙城）人，思想家。

庄子的人生观是由老子的人生观而来的，但庄子的人生观与老子的人生观又有所不同。老子是“生存”在现“世”，因此其人生观主要是一种“生存”机巧。而庄子由于看到了现“世”的残酷，所以干脆逍遥于“世”外，也即是离“世”的，因此，庄子的人生观更向我们呈现了一种达观的“生存”态度或“生存”选择。

庄子的人生观以“逍遥游”为特征，指向个体自由。在庄子看来，现实生活中的人通常是不自由的，因为他们都“有待”或“有所待”，也即人们受着各种各样的条件的限制。庄子在他的《逍遥游》里讲述了大鹏凭风而飞的故事。在常人看来，大鹏“水击三千里，抟扶摇而上者九万里，去以六月息者也”，可谓是很自由了。然而庄子以为，大鹏是不自由的，因为它要依赖风，没有风，大鹏是不能飞行的。庄子讲真正的自由是“无待”或“无所待”的，即不依赖于任何条件。庄子说，“至人”、“神人”、“圣人”就是不依赖于任何条件而真正自由的人，因为“至人无己，神人无功，圣人无名”（同上），即至人不考虑自己，神人不追求功迹，圣人不追求名誉。有时庄子也将这种人称作“真人”。他说：

古之真人，不知说生，不知恶死，其出不䜣，其入不距。翛然而往，翛然而来而已矣。（《庄子・大宗师》）

这里讲到了真人对生死的态度，既不悦生，也不恶死，生时不欢欣，死时不抗拒，一切顺其自然。其实，无论是“至人”、“神人”、“圣人”，还是“真人”，最关键或最本质的就在于他能够超越一切，包括现实中生死、寿夭、贵贱、贫富、得失、毁誉等一切烦恼与困扰，如此，就达到了人生的最高境界。

当然，庄子的这种设想几乎是不可能存在的，因为人生不可能是绝对“无待”或“无所待”的，它要依赖于社会，也要依赖于自然，所以，绝对的自由是不存在的。不过，庄子对于人生的态度仍对我们有指引意义。由《庄子》可知，庄子一生于物质、利禄、功名都无所求，始终过着清贫的生活。这其中有一些记载向我们生动地展示了庄子的这种人生观，如《秋水》中就讲了这样一个故事：

庄子钓于濮水，楚王使大夫二人往先焉，曰：“愿以境内累矣！”庄子持竿不顾，曰：“吾闻楚有神龟，死已二千岁矣，王以巾笥而藏之庙堂之上。此龟者，宁其死为留骨而贵乎？宁其生而曳尾涂中乎？”二大夫曰：“宁生而曳尾涂中。”庄子曰：“往矣！吾将曳尾于涂中。”[33]

不仅如此，庄子在清贫中还生活得很愉悦。庄子说：“浮游，不知所求；猖狂，不知所往。游者鞅掌，以观无妄。”（《在宥》）我在生机无限、变化无穷的大自然中漫游，并没有任何索求；我只是毫无拘束地随着心灵意向行走，并不要去什么地方；我领略着大自然的美好，见识与领略本真的生活。你看，在庄子的心灵中充盈着欢乐，这甚至是一种无法用语言表达和描述也即超言绝象的欢欣。

33 《秋水》中还记载：惠子相梁，庄子往见之，或谓惠子曰：“庄子来，欲代子相。”于是惠子恐，搜于国中三日三夜。庄子往见之，曰：“南方有鸟，其名为鹓雏，子知之乎？夫鹓雏，发于南海而飞于北海，非梧桐不止，非练实不食，非醴泉不饮。于是鸱得腐鼠，鹓雏过之，仰而视之曰：‘吓’！今子欲以子之梁国而吓我邪！”

总之，庄子的人生观中体现出了对名利的淡泊，对生命的达观，也体现出了对现实统治的不满、远离和不合作，一言以蔽之，体现出了对自由的渴望和追求。[34] 毫无疑问，这样一种人生观在中国历史中是一种健康和积极的因素，它给社会注入了一股清新的空气。事实上，它也的确对后世一代又一代知识分子产生了极其深刻的影响，成为中华民族一种最为优秀和可贵的品质。

34 儒家理想人格中也有类似的思想，但由于儒家理想人格总的来说是“入世”的，是指向社会的，特别是由于其内圣外王的理论，因此难以避免对功名的追逐或依赖。

认识的结构是怎样的

古代中国哲人关注外在世界，关注现实人生，也非常关注人的思维。事实上，对世界性质、事物关系、人性本质、理想人格这些问题的探讨都离不开认识。因此，认识乃是获取真理的途径，或得道之道。那么人究竟是怎样认识世界和自身的呢？中国的哲人对这其中的许多问题给予了考察，这包括认识有无可能，认识与其对象究竟是一种怎样的关系，认识的结构如何，它究竟包括哪些形式或阶段，认识与实践是一种什么样的关系，等等，而中国哲学对这些问题的思考又形成了十分鲜明的特点。需要指出的是，有关认识问题有几个方面值得我们注意：第一，对认识问题的思考虽然早在先秦时期就已开始，但的确是在漫长的发展中才逐渐丰满完善的；第二，与前面四章有所不同的是，由于涉及认识主客体的关系，因此唯物唯心问题也在这里表现得尤为突出，而这些似乎又与西方哲学的历史有几分近似；第三，对于儒家来说，正如《大学》所示，认识也就是格物致知问题是整个内圣外王过程的起点。

认识的来源与能力

认识的来源与能力是认识理论的两个基本或首要问题。前者决定认识究竟如何形成，这也就是通常所说的哲学基本问题的第一个方面，或思维与存在的本原性问题；后者决定认识究竟有无可能，这也就是通常所说的哲学基本问题的第二个方面，或思维与存在的同一性问题。中国古代哲学在上述问题上形成了许多看法，并以不同的概念或范畴呈现出来，这包括知与不知、心与物、名与实、言与意等。

知与不知

在中国古代的认识论中，“知”是一个重要的概念，有知识和认识之意。人能够获得知识吗？人能够认识世界吗？在这个问题上是存在着不同的观点的。

“知”字出现得很早，如《左传》中已经有大量的应用。春秋末年，关于“知”的认识已经基本形成了。孔子无疑是最早对知作深入思考的思想家，如孔子曾告诫弟子说：

知之为知之，不知为不知，是知也。（《论语·为政》）

这对知与不知作了明确的区分。孔子还曾叙述自己的知识积累、进步与成长过程：“吾十有五而志于学，三十而立，四十而不惑，五十而知天命，六十而耳顺，七十而从心所欲，不逾矩。”（同上）由此我们不难看出，孔子对于认识持积极肯定的态度。之后，先秦时期的许多学派对知的问题都有过思考，并对知即人的认识能力给予了肯定，如墨家说：“知，材也。”（《墨经·经上》）荀子说：“凡以知，人之性也；可以知，物之理也。”（《荀子·解蔽》）韩非说：“聪明睿智，天也；动静思虑，人也。”（《韩非子·解老》）显然，这些论述都表现出了鲜明的可知论思想倾向。

不过，道家对于知的认识却十分特殊。老子在知的问题上同样有很深刻的思想，如：“知常曰明。不知常，妄作，凶。”（《老子·十六章》）这明确地阐明了认识规律的重要性。但与孔子不同，老子又强调“绝圣弃智”、“绝学无忧”（《十九章》）。当然，这其实并不是基于认识论的，而是基于社会治理的需要。庄子在很大程度上继承了老子的思想。庄子指出人的认识是有局限的，如六合之外的知识。所以他说：“古之人，其知有所至矣。”“知止其所不知，至矣。”（《庄子·齐物论》）应当说，庄子的这一思想是合理的。但问题在于，庄子进一步将其发展成为了不可知论：“尝试言之：庸讵知吾所谓知之非不知邪？庸讵知吾所谓不知之非知邪？”（同上）“方其梦也，不知其梦也；梦之中又占其梦焉，觉而后知其梦也。且有大觉而后知此其大梦也。而愚者自以为觉，窃窃然知之。”（同上）而其结论就是：

> 吾生也有涯，而知也无涯。以有涯随无涯，殆已。（《养生主》）

另外，知或认识还涉及检验的问题，对此，古代思想家也早已有了认识。如荀子说：“凡论者，贵其有辨合，有符验。”（《荀子·性恶》）韩非说：“循名实而定是非，因参验而审言辞。”（《韩非子·奸劫弑臣》）王充说：“凡论事者，违实不引效验，则虽甘义繁说，众不见信。”（《论衡·知实》）这里的“符验”、“参验”、“效验”都是指对认识的检验，并且都包含了认识须与事实相符的可贵思想。

墨子塑像。墨子，名翟，今山东滕州人。战国时期著名思想家、科学家、人权活动家、军事家，提出“兼爱”、“非攻”等观点，创立墨家学说，并有《墨子》一书传世。

心与物

那么，认识的来源在哪里呢？认识是如何产生的呢？是源于物，还是源于心呢？在这一问题上同样也存在着分歧，而这也是唯物论与唯心论的集中体现之处。

我们仍然可以将此问题追溯至孔子。孔子说过：

生而知之者上也，学而知之者次也。（《论语·季氏》）

在这里，孔子认为知识或认识的获得有两条途径，即“生而知之”与“学而知之”，前者是“先天”的，后者是“后天”的。这一二元看法显得有些模糊和矛盾，但非常重要，因为它成为后世两种截然不同观点的基础。不过，孔子并不认为自己是“生而知之者”。他说：“我非生而知之者，好古，敏以求之者也。”（《述而》）

先秦时期大多数学者在认识来源问题上都持一种唯物论或反映论的立场，即都强调认识起源于与外界事物的接触。如墨子：“请惑闻之见之，则必以为有，莫闻莫见，则必以为无。”（《墨子·明鬼下》）这是以见闻作为认识的基础。这种看法也为后期墨家所接受，如《墨子》中讲：

知，接也。（《经上》）
知：知也者，以其知遇物而能貌之，若见。（《经说上》）

又荀子也讲：“知有所合谓之智。”（《荀子·正名》）以上的“接”、“遇物”、“合”都在于说明认识主体与认识客体的接触。此外，韩非也通过对先验论的批评阐述了相同的观点，他说：“先物行先理动之谓前识。前识者，无缘而妄意度也。”（《韩非子·解老》）[35]

不过，孟子的认识理论明显承继了孔子“生而知之”的思想，因此具有唯心论特征。他说：

人之所不学而能者，其良能也；所不虑而智者，其良知也。（《孟子·尽心上》）

---

35 在西方哲学史中，我们可以看到英国经验主义哲学家如培根、洛克的哲学思想与此是相近的。

宋代《虎溪三笑图》，台北故宫博物院藏。描绘东晋儒者陶渊明与道士陆修静一同访问在庐山修行的高僧慧远，归途中三人谈笑而行，送客之慧远不觉间跨越其自我禁足之虎溪，虎辄号鸣，三人因之相视大笑。

结合伦理道德，孟子还说：

> 仁义礼智，非由外铄我也，我固有之也。（《告子上》）

正是基于这种先验理论，孟子便又有以下的观点："尽其心者，知其性也；知其性，则知天矣。"（《尽心上》）"学问之道无他，求其放心而已矣。"（《告子上》）孟子还提出先知先觉说，并借伊尹之口说出自己就是先知先觉者："天之生斯民也，使先知觉后知，使先觉觉后觉也。予，天民之先觉者也，予将以此道觉此民也。非予觉之，而谁也？"（《万章上》）

需要指出的是，这样一种心物问题也与形神问题有关。但这里的"神"不是鬼神之神，而是精神之

《六祖慧能禅师》，清代丁观鹏绘。慧能（638—713）是中国禅宗的第六祖，唐代著名的佛教改革者，中国历史上的伟大思想家。他把印度佛教中国化，是禅宗的实际创立者。

神，这两者极易混淆。这一问题也早在先秦时就已提出，如荀子说："形具而神生。"（《荀子·天论》）有形体然后有精神。差不多同时期的医学理论也为此提供了支持，如《内经》说："五脏者，所以藏精神、血气、魂魄者也。"（《灵枢·本脏》）而《淮南子》则主张"神主形从"，讲"以神为主者，形从而利；以形为制者，神从而害"（《原道训》）。随着佛教灵魂不灭观的传入，又使得这一争论更加复杂。如两汉之际思想家桓谭就以烛火喻形神，反对灵魂不灭观："精神居形体，犹火之燃烛矣。"（《新论·祛蔽》）之后，东晋佛教思想家慧远同样以薪火为喻来论证神不灭："火之传于薪，犹神之传于形。火之传异薪，犹神之传异形。"（《沙门不敬王者论》）至南朝（420—589）时期，范缜又针锋相对地指出："神即形也，形即神也。是以形存则神存，形谢则神灭。"（《神灭论》）

当然，佛教理论同样也涉及心物问题，并且这也是佛教哲学最基本的问题，无疑，其是唯心论的。如天台宗智𫖮的"一念三千"说：

> 夫一心具十法界，一法界又具十法界、百法界。一界具三十种世间，百法界即具三千种世间。此三千在一念心。（《摩诃止观》卷五）

唯识宗玄奘的"万法唯识"说也是如此："是故一切有为无为，若实若假，皆不离识。"（《成唯识论》卷七）再如华严宗宗密说："统唯一真法界，谓总该万有，即是一心。”（《华严法界观门注》）而禅宗慧能则提倡“无念为宗”，“悟无念法者，万法尽通；悟无念法者，见诸佛境界”（《坛经·般若品》）。这就是说保持自心不受任何外界事物的影响。

宋代以后，上述讨论又回到儒家传统路线上来。张载与朱熹虽然在本体论上观点不同，但在认识论上却都明显受孔子二元说的影响。如张载一方面认为“人谓己有知，由耳目有受也；人之有受，由内外之合也”，另一方面又承认“德性所知，不萌于见闻”（《正蒙·大心》）。朱熹也是一样，他一方面讲“即物而穷其理”，另一方面又讲“人心之灵莫不有知”（《大学章句》）。相比之下，陆九渊、王阳明则坚定地延续了孟子的思想。如陆九渊说：“人皆有是心，心皆具是理，心即理也。”（《与李宰》）王阳明说：“心即理也。天下又有心外之事、心外之理乎？”（《传习录上》）王阳明还有以下著名的论证：

你未看此花时，此花与汝心同归于寂；你来看此花时，则此花颜色一时明白起来，便知此花不在你的心外。（《传习录下》）

我的灵明，便是天地鬼神的主宰。天没有我的灵明，谁去仰他高？地没有我的灵明，谁去俯他深？鬼神没有我的灵明，谁去辨他吉凶灾祥？（同上）

这样的理论已经发展成唯我论。[36] 自然，它会遭到在认识问题上持唯物观的思想家的批评，如王廷相说：“物理不见不闻，虽圣哲亦不能索而知之。”（《雅述上》）王夫之说：“内心合外物以启觉，心乃生焉，而于未有者知其有也，故人于所未见未闻者不能生其心。”（《张子正蒙注·乾称下》）值得注意的是，王夫之还对佛教的“能所”概念加以积极改造来解释心物关系，他说：

境之俟用者曰“所”，用之加乎境而有功者曰“能”。“能”、“所”之分，夫固有之，释氏为分授之名，亦非诬也。乃以俟用者为“所”，则必实有其体；以用乎俟用而可以有功者为“能”，则必实有其用。体俟用，则因“所”以发“能”；用乎体，则“能”必副其“所”。（《尚书引义·召诰无逸》）

36 这一理论与西方哲学史上贝克莱的“存在就是被感知”思想十分近似。

所谓“能”就是认识主体，而“所”就是认识对象或客体。佛教用“能所”概念来区分二者并非错误，错误的是在于其“消所以入能，而谓能为所”（同上）。而王夫之用能所、体用这些概念来解释心物关系问题，不仅坚持了客观反映论，同时也强调了主观能动性，此外又对错误的认识给予了有效的批判。

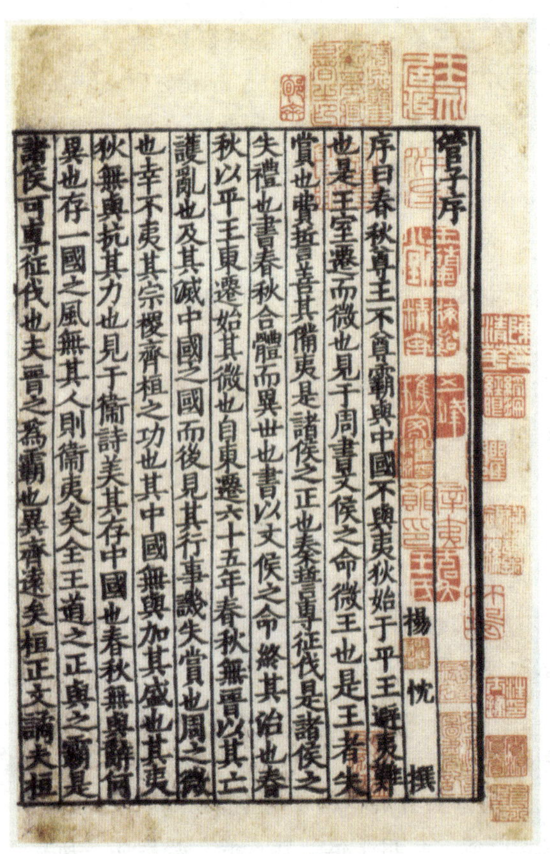

管子序

楊忱撰

序曰春秋尊王不尊霸與中國不與夷狄始于平王遷東雖
也是王室遷而微也見于周書文侯之命微王也是王者失
賞也費誓善其備夷是諸侯之正也秦誓尊征伐是諸侯之
失禮也書春秋合體而異世也書以文侯之命終其始也春
秋以平王東遷始其微也自東遷六十五年春秋無晉以其亡
譏亂也及其滅中國之國而後見其行事譏失賞也周之微
也幸不夷其宗稷齊桓之功也其中國無與加其盛也其夷
狄無與抗其力也見于衛詩美其存中國也春秋無與辭何
異也存一國之風無其人則衛夷矣全王道之正與之霸是
諸侯可專征伐也夫晉之為霸也異齊遠矣桓正文譎夫桓

《管子序》，宋代杨忱撰。管仲（？—前 645）名夷吾，子仲，颍上（今属安徽）人，春秋时期齐国政治家。《管子》是战国时各学派的言论汇编，并非管仲一人所著，而是由管仲学派编纂而成。全书共 24 卷，分 8 类，内容庞杂，包括法家、儒家、道家、阴阳家、名家、兵家和农家的观点。

名与实

在中国古代哲学思想中，名实问题与认识问题密切相关。具体地，它大致可分两派：依实定名与依名定实。

孔子是依名定实思想的代表人物，其核心就是“正名”。孔子说：

> 名不正则言不顺，言不顺则事不成，事不成则礼乐不兴，礼乐不兴则刑罚不中，刑罚不中则民无所措手足。（《论语·子路》）

需要指出的是，孔子的“正名”是有特殊规定的，它是指对周代等级制度的回归，即以过去之名来定今日之实。

孔子的“正名”思想后来为董仲舒所继承。董仲舒说：“是故事各顺于名，名各顺于天。”（《春秋繁露·深察名号》）实要服从于名。又说：“欲审曲直，莫如引绳；欲审是非，莫如引名。”（同上）名是判断是非的标准。这些都表明了由名定实的观点。那么名又是怎样形成的呢？董仲舒认为，名、概念也即道德规范、政治准则都是由圣人所制定的："名者，圣人之所以真物也。"（同上）这实际表达了一种圣人史观。董仲舒还认为，圣人制定名是为了表达天意："名号之正，取之天地，天地为名号之大义也。"（同上）这又给名涂上了一层神秘色彩。

阐述依实定名观点的最早代表是墨子。墨子讲："今瞽曰：皑者白也，黔者黑也。虽明目者无以易之。兼白黑，使瞽取焉，不能知也。故我曰：瞽不知白黑者，非以其名也，以其取也。"（《墨子·贵义》）这里的"取实予名"思想具有明显的唯物主义倾向。之后，这一思想为后期墨家所继承。如："所以谓，名也。所谓，实也。名实耦，合也。"（《经说上》）"有之实也，而后谓之；无之实也，则无谓也。"（《经说下》）《墨子》还将之概括为：

以名举实。（《小取》）

当时许多思想家都持相同的看法。如管子讲："修名而督实，按实而定名。"（《管子·九守》）荀子也提出其著名的思想：

制名以指实。（《荀子·正名》）

这些论述都表达了一个思想：名或概念是对现实的反映，因此必须与现实相符合。[37]

需要指出的是，名实问题又涉及逻辑问题。如公孙龙讲："夫名，实谓也。知此之非此也，知此之不在此也，则不谓也；知彼之非彼也，知彼之不在彼也，则不谓也。"（《公孙龙子·名实论》）荀子讲："同则同之，异则异之。单足以喻则单，单不足以喻则兼，单与兼无所相避则共，虽共，不为害也。"（《荀子·正名》）这些都涉及到名或概念的分类问题，如相同的事物用同名，不同的事物用异名。

---

37 在西方哲学中也有类似的问题，即经院哲学中的唯实论与唯名论。按照梯利，这个问题在希腊哲学家（即柏拉图与亚里士多德）的理论中已占有很重要的地位。传到经院哲学时期，"有些表明赞同柏拉图式的唯实论，认为一般概念是先于事物的实在的东西；有些表明赞同亚里士多德的唯实论，认为一般概念是在事物之中的实在的东西；还有些人表明赞同唯名论，认为一般概念仅仅是个别事物的名称，不先于事物，也不在事物之中，而是在事物之后"。梯利：《西方哲学史》，商务印书馆 1999 年，第 183 页。当然，对于名与实这两个概念的理解在两种哲学中又是有所不同的。

后期墨家将这一问题高度概括为：

以类取，以类予。（《墨子·小取》）

而荀子则认为：

此事之所以稽实定数也，此制名之枢要也。（《荀子·正名》）

言与意

此外，言意关系问题也与认识问题有关。

有关言意关系问题的思考可以追溯到老子。老子讲："道可道，非常道；名可名，非常名。"（《老子·一章》）这实际指出了道的不可言说性。老子还讲："大巧若拙，大辩若讷。"（《四十五章》）"知者不言，言者不知。"（《五十六章》）"信言不美，美言不信。"（《八十一章》）这实际又指出了知与言之间的非同一性，或言的表象性与不真实性。孔子也有类似的看法："君子欲讷于言而敏于行。"（《论语·里仁》）在这里我们可以看到古代哲人的一种态度：语言是用于表达思想的，它不应在形式上有过多讲究。

庄子对言意关系问题的深入发展作出了重大贡献。庄子也认为语言无法把握抽象的道。他说：

道不可闻，闻而非也；道不可见，见而非也；道不可言，言而非也。（《庄子·知北游》）

哲学家冯契将庄子的这一思想概括为三个方面：抽象的名言不能把握具体的事物；静止的概念不能表达变化；有限的概念不能表达无限。[38] 此外，庄子又认为语言也无法表达人的内心体验。庄子说了这样一则故事：

（轮扁）斫轮，徐则甘而不固，疾则苦而不入。不徐不疾，得之于手而应于心，口不能言，有数存焉于其间。臣不能以喻臣之子，臣之子亦不能受之于臣。（《天道》）

---

38 冯契：《中国古代哲学的逻辑发展》（上册），上海人民出版社1983年，第210—212页。

事实上，这样一种“应之于心”却“口不能言”的现象在经验活动中是普遍存在的。[39] 更重要的是，庄子又第一次真正提出言意问题：

> 筌者所以在鱼，得鱼而忘筌；蹄者所以在兔，得兔而忘蹄；言者所以在意，得意而忘言。（《外物》）

庄子认为，语言在表达思想之后就像抓获了猎物之后的捕具一样变得多余。尔后，《易传》有了如下经典的概括：

> 书不尽言，言不尽意。（《系辞上》）

魏晋时期，王弼又在庄子和《易传》的基础上有了下面这段著名论述：

> 夫象者，出意者也。言者，明象者也……故言者所以明象，得象而忘言；象者所以存意，得意而忘象。犹蹄者所以在兔，得兔而忘蹄；筌者所以在鱼，得鱼而忘筌也……然则忘象者，乃得意者也；忘言者，乃得象者也。得意在忘象，得象在忘言。（《周易略例·明象》）

庄子讲得意然后忘言，而王弼却讲忘言才能得意，王弼这段话对庄子思想作了惊人的发挥并将其引向极端，失误之处十分明显。但即便如此，王弼思想中的合理成分仍是不容忽视的，这就是对于语言依赖的破除。以后，僧肇也以相同的方式描述般若智慧：“圣智幽微，深隐难测，无相无名，乃非言象之所得。”（《般若无知论》）总之，中国古代的哲学家们已辩证地认识到：语言既能表达思想，也会限制思想，尽管这其中可能包含有某些神秘的内容。

---

39 在西方，直到20世纪的波兰尼这里才有了些许类似的认识，如其代表作《个人知识》的第二编“默会成分”中讲到：“断言我自己具有不可表达的知识并不是要否认我能谈论这种知识，而只是否认我能恰当地谈论它。”迈克尔·波兰尼：《个人知识——迈向后批判哲学》，贵州人民出版社2000年，第135页。

认识的结构或形式

古代中国哲人对认识的途径或形式也作了深入细致的思考。认识究竟有怎样的途径，有怎样的形式，不同的途径之间究竟是一种什么样的关系，不同的形式在整个认识中扮演着什么角色并具有什么样的地位，这些都曾是中国古代哲人所感兴趣的问题。

见闻与思虑

见闻思虑问题与心物问题是存在着关联的。心与物是讲认识的来源，见闻与思虑则侧重于讲认识的过程，但这两者之间有一定的交集。一般来说，见闻与思虑是两种不同的认识形式和阶段，相当于我们今天所说的感性认识和理性认识。对此，古代中国哲人从很早起就有所认识，之后，其中一些理论达到了很高的水平。[40]

孔子最早是从学与思的角度来讨论这一问题的，他有句名言为我们所熟知：

> 学而不思则罔，思而不学则殆。（《论语·为政》）

---

40 在一定意义上，这一问题与西方近代哲学中经验论与唯理论的界分有些相同。如梯利说：“近代哲学按照它们以理性或经验为知识的源泉或准则被划分为唯理主义或经验主义。”又说：“关于知识的起源问题，近代哲学对此有不同的答案。”这包括：“(a) 真正的知识不能来自感官知觉或经验，而必然在思想或理性中有其基础。”这种观点被称为先验论，也被称为唯理主义。“(b) 没有与生俱来的真理：一切知识都发源于感官知觉或经验。”这种观点被称为经验主义或感觉主义。梯利：《西方哲学史》，商务印书馆 1999 年，第 283、284 页。

在这里，孔子强调了学思的结合，二者不可偏废。不过考察孔子的思想，学或见闻似更为重要。如孔子说："多闻，择其善者而从之；多见而识之。"（《述而》）"吾尝终日不食，终夜不寝，以思，无益，不如学也。"（《卫灵公》）但老子明显不同于孔子的看法，他说："不出户，知天下。不窥牖，见天道。"（《老子·四十七章》）"为学日益，为道日损，损之又损，以至于无为。"（《四十八章》）

王充（27—约97），字仲任，会稽上虞（今属浙江）人，东汉思想家、文学理论家。代表作品《论衡》，是中国历史上一部不朽的无神论著作。

由于与生产实践保持着密切的关系，墨家十分注重感觉对于认识的作用。如墨子说："天下之所以察知有与无之道者，必以众之耳目之实知有与无为仪者也。"（《墨子·明鬼下》）这是说判断认识正确与否必以众人耳目为依据，这种看法有着明显的经验论特征。不过这种倾向在后期墨家那里已有所改变，如"循所闻而得其意，心之察也"，"执所言而意得见，心之辨也"（《墨子·经上》）。

而孟子则更加强调心也即思维的作用，无疑，这是其心物问题上观点的延续。孟子说：

> 耳目之官不思，而蔽于物。物交物，则引之而已矣。心之官则思，思则得之，不思则不得也。（《孟子·告子上》）

并且，孟子称思维是大体，感官是小体。他说："先立乎其大者，则其小者不能夺也。"（同上）孟子的认识有着明显的理性至上性质。

至战国末年，荀子能够站在更高的位置上来思考这一问题。荀子将感觉称作"天官"，将思维称作"天君"。荀子讲："耳目口鼻形各有接而不相能也，夫是之谓天官。心居中虚，以治五官，夫是之谓天君。"（《荀子·天论》）那么"天官"与"天君"是一种什么样的关系呢？荀子说：

陆九渊（1139—1193），字子静，号象山翁，世称象山先生，抚州金裕（今属江西）人。与朱熹同为南宋理学代表人物，但学说与朱熹不合。后形成“陆王（守仁）学派”。

心有征知。征知则缘耳而知声可也，缘目而知形可也，然而征知必将待天官之当薄其类然后可也。（《正名》）

这就是说，感觉所获得的东西必须有待于思维来加工，但思维工作又必须建立在感觉所提供的材料之上。显然，荀子对于见闻和思虑的辩证关系有更准确的理解。以后王充的思想也与此十分相似。王充十分重视感觉经验，讲“须任耳目以定情实”（《论衡·实知》）。但王充又非常重视思虑的作用，他说：“苟以外效立事是非，信闻见于外，不诠订于内，是用耳目论，不以心意议也。夫以耳目论，则以虚象为言，虚象效，则以实事为非。是故是非者不徒耳目，必开心意。”（《薄葬》）

此外，这一时期儒家的重要典籍《中庸》也提出了一些重要的思想，如：

博学之，审问之，慎思之，明辨之，笃行之。

君子尊德性而道问学，致广大而尽精微，极高明而道中庸。

这些思想对日后儒家的认识理论都产生了十分重要的影响。

宋代以后的学者似乎普遍赋予思虑以更重要的地位。如张载说：“大其心则能体天下之物，物有未体，则心为有外。世人之心，止于闻见之狭。圣人尽性，不以见闻梏其心。”（《正蒙·大心》）朱熹说：“耳司听，目司视，各有所职而不能思，是以蔽于外物。”“心则能思，而以思为职。”（《孟子集注·告子章句上》）心学学者像陆九渊、王阳明更不用说，其观点实则是心物观的延伸。如：

（陆九渊）所贵乎学者，为其欲穷其理，尽此心也。（《与李宰》）

（王阳明）良知不由见闻而有，而见闻莫非良知之用，故良知不滞于见闻。（《传习录中》）

这些看法显然都是偏于甚至唯于思虑的。

直到王夫之，又重拾孔子学思结合、荀子天官天君互相依靠的思路。王夫之联系格物与致知问题说：

博取之象数，远证之古今，以求尽乎理，所谓格物也。虚以生其明，思以穷其隐，所谓致知也。非致知，则物无所裁而玩物以丧志；非格物，则知非所用而荡志以入邪。二者相济，则不容不各致焉。（《尚书引义·说命中二》）

这可以说是回到感性与理性相互依赖且更加辩证的正确道路上来了。[41]

渐修与顿悟

渐修与顿悟是佛教哲学的重要概念，但也与认识途径和形式问题密切相关。其中渐修是指经过长期修习达到对真理的领悟，而顿悟则是指在瞬间悟得真理。

在中国佛教思想上，首先关注这一问题的是竺道生，他说：“见解名悟，闻解名信。信解非真，悟发信谢，理数自然，如果熟自零。悟不自生，必籍信渐。用信伏惑，悟以断结。”（慧达《肇论疏》）在道生看来，知有两种，一种叫“信”或“闻解”，特点是“渐”，这是包括学习经典在内听闻而来的知识；另一种叫“悟”或“见解”，特点是“顿”，这是对佛理的瞬间深刻领会。道生更重视后者。

41 有趣的是，康德的哲学也对唯理论与经验论作了调和，其认为这样两种观点或理论各有合理或可取之处。

清代线刻图：三十四世南岳怀让禅师。怀让（677—744），金州安康（今陕西安康石泉县）人，俗姓杜，六祖慧能大师的弟子。慧能圆寂后，得嗣其法并于南岳般若寺观音台弘教传禅。到他的弟子马祖道一时，怀让一系禅宗兴盛起来，被称为南岳一系，怀让亦被尊为南岳始祖。

之后，禅宗继承了竺道生重视顿悟的思想。当然，禅宗重视顿悟有其自身"识心见性"思想的内在必然性。慧能的想法很清楚："本性是佛，离性无别佛。"（《坛经·般若品》）而既然佛就在心中，那么认识无非就是认识心中的佛性，于是修行积累就变得没有太大意义，有意义的是刹那间对佛性的领悟。慧能说：

> 若起真正般若观照，一刹那间，妄念俱灭。若识自性，一悟即至佛地。（同上）

慧能弟子神会对此也有生动的解释：

> 悟即须臾……譬如一綟之丝，其数无量，若合为绳，置于木上，利剑一斩，一时俱断，丝数虽多，不胜一剑。发菩提心人，亦复如是。（《神会语录》）

在这里，神会将对真理的把握看成像快刀斩乱麻一样，只是须臾之间的事。此外如慧能弟子怀让的语录中记载："马祖居南岳传法院，独处一庵，惟习坐禅，凡有来访者都不顾，师往彼亦不顾……一日，将砖于庵前磨，马祖亦不顾。时既久，乃问曰：作什么？师云：磨作镜。马祖云：磨砖岂得成镜？师云：磨砖不能成镜，坐禅岂能成佛？"（《古尊宿语录》卷一）这则生动的故事同样体现了禅宗忽视渐修、重视顿悟的教授方式。

顿悟有着今天所说的直觉、灵感的意义，这一概念的提出使得人们了解到认识过程的飞跃现象，也涉及到认识过程中积累与飞跃的关系，因此它是有重要意义的。[42] 换言之，尽管禅宗的思想确有忽略认识积累的倾向，但其对顿悟的重视仍对后来的哲学有深刻的启发。

格物与致知

宋明时期，哲学家们又从第三个角度来思考认识形式或结构问题，这就是格物与致知。格物与致知这对范畴最早见于《大学》中的“八条目”，其中说道：“致知在格物，物格而后知至。”宋明时期，哲学家便围绕这对范畴展开了各自的思想。

朱熹曾为《大学》作了一段补传，这段文字这样写道：

> 所谓致知在格物者，言欲致吾之知，在即物而穷其理也。盖人心之灵莫不有知，而天下之物莫不有理，惟于理有未穷，故其知有不尽也。是以《大学》始教，必使学者即凡天下之物，莫不因其已知之理而益穷之，以求至乎其极。至于用力之久，而一旦豁然贯通焉，则众物之表里精粗无不到，而吾心之全体大用无不明矣。此为格物，此谓知之至也。（《大学章句》）

朱熹这段论述包含有以下几方面思想：第一，“即凡天下之物”、“即物而穷其理”，这是讲认识形成于对客观世界的接触。第二，“用力之久，而一旦豁然贯通焉”，这显然吸收了佛教的顿悟学说，包含了对认识质变的理解。朱熹还说过：“惟今日而格一物焉，明日又格一物焉，积习既多，然后脱然有贯通处耳。”（《大学或问》）这也是对上述两点关系的描述。第三，“表里精粗无不到”、“全体大用无不明”，又接触到局部与整体、现象与本质一类问题。

王阳明不同意朱熹的格致理论，他对朱熹作了彻底的唯心论的批评：“朱子所谓格物云者，在即物而穷理也。即物穷理，是就事事物物上求其所谓定理者也，是以吾心而求理于事事物物之中，析心与理

---

42 值得指出的是，西方哲学史是在较为晚近的时候才注意到这一问题的。

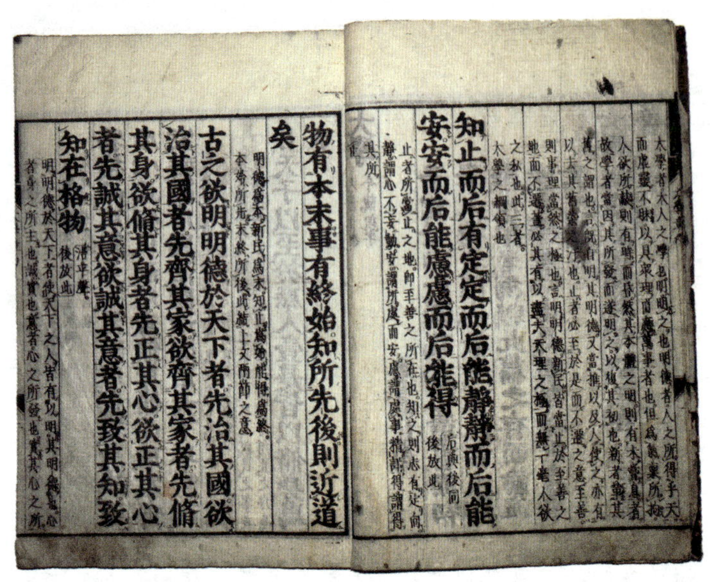
知止而后有定定而后能靜靜而后能安安而后能慮慮而后能得

物有本末事有終始知所先後則近道矣

古之欲明明德於天下者先治其國欲治其國者先齊其家欲齊其家者先脩其身欲脩其身者先正其心欲正其心者先誠其意欲誠其意者先致其知致知在格物

线装书《大学》之“格物致知”

而为二矣。”（《传习录中》）在对朱熹作了批评之后，王阳明遂阐明了自己的观点：

若鄙人所谓致知格物者，致吾心之良知于事事物物也。吾心之良知，即所谓天理也。致吾心良知之天理于事事物物，则事事物物皆得其理矣。致吾心之良知者，致知也；事事物物皆得其理者，格物也。（同上）

很清楚，在王阳明这里，所谓格物致知就是致良知，就是由内心向外物的思维运动。

王夫之对格物与致知的关系也作了深入考察。王夫之说：

大抵格物之功，心官与耳目均用，学问为主，而思辨辅之，所思所辨者皆其所学问之事。致知之功则唯在心官，思辨为主，而学问辅之，所学问者乃以决其思辨之疑。致知在格物，以耳目资心之用而使有所循也，非耳目全操心之权而心可废也。（《读四书大全说·大学》）

这段论述包含有这样两方面意义：第一，王夫之将格物致知问题与见闻思虑问题结合起来，由此丰富了感性与理性问题。第二，王夫之对格物与致知的辩证关系也给予了考察，与前人相比这一工作更加细致。这些对于中国古代认识理论的深入发展都有着积极意义。

去蔽

认识还涉及到方法问题，正确的认识离不开正确的方法。这里我们先来看去蔽。

去蔽是由庄子首先提出的。诸子时代，百家争鸣，各家各派均以己为是，以彼为非。庄子对此描述道：

> 天下大乱，圣贤不明，道德不一，天下多得一察焉以自好。譬如耳目鼻口，皆有所明，不能相通。犹百家众技也，皆有所长，时有所用。虽然，不该不遍，一曲之士也。(《庄子·天下》)

在庄子看来，百家之说都有各自的合理性，但又都只是真理的一部分。如果认为自己是真理的全部，即唯独自己正确而别人不正确，那就是一种独断论，也就是“曲”。那么是什么导致了这种独断论呢？庄子以为就在于认识上的片面性。庄子举譬说：“井蛙不可语于海者，拘于虚也；夏虫不可语于冰者，笃于时也；曲士不可语于道者，束于教也。”（《秋水》）庄子在这里将井蛙、夏虫、曲士都视作片面性的典型。考虑到以后中国社会历史中独断论思维盛行，我们尤其感到庄子上述思想的珍贵。

之后，荀子也对去蔽给予了深入思考。在《荀子》中专门有《解蔽》一篇，明确提出“解蔽”概念。该篇一开首，荀子就高度概括地指出：

> 凡人之患，蔽於一曲而闇于大理。

可以看出，荀子的思想乃由庄子而来，但更具普遍性。荀子说：“故为蔽：欲为蔽，恶为蔽，始为蔽，终为蔽，远为蔽，近为蔽，博为蔽，浅为蔽，古为蔽，今为蔽。”总之，“凡万物异则莫不相为蔽，此心术之公患也。”荀子还对不同学派的“蔽”也即片面性作了批评：“墨子蔽于用而不知文，宋子蔽于欲而不知得，慎子蔽于法而不知贤，申子蔽于势而不知知，惠子蔽于辞而不知实，庄子蔽于天而不知人。”那么如何能够克服这种片面性呢？荀子说“圣人知心术之患，见蔽塞之祸，故无欲、无恶、无始、无终、无近、无远、无博、无浅、无古、无今”，而所有这些的核心就是“兼陈万物而中县衡焉”。这里的“兼陈万物”和“中县衡”就是指认识的全面性。

智者大师（538—597），名智𫖮，字德安，俗姓陈氏，中国佛教天台宗（法华宗）的祖师。

虚静

要取得正确认识，也与凝聚专注的精神状态分不开，古人通常以虚静等语词称之。

老子最早注意到虚静状态对于认识的意义，故要求“涤除玄鉴”（《老子·十章》），“致虚极，守静笃。”（《十六章》）庄子接过老子的思想，强调“心斋”、“坐忘”，他说：

唯道集虚。虚者，心斋也。（《庄子·人间世》）

堕肢体，黜聪明，离形去知，同于大通，此谓坐忘。（《大宗师》）

对虚静之于认识重要意义作最深入研究的莫过于荀子，荀子提出了“虚壹而静”这一重要概念或方法，他这样说道：

人何以知道？曰心。心何以知？曰虚壹而静。心未尝不臧也，然而有所谓虚；心未尝不两也，然而有所谓壹；心未尝不动也，然而有所谓静。（《荀子·解蔽》）

虚壹而静，谓之大清明。（同上）

荀子还对“虚”、“壹”、“静”作了进一步的解释：“志也者，臧也，然而有所谓虚，不以所已臧害所将受谓之虚。”“同时兼知之，两也，然而有所谓一，不以夫一害此一谓之壹。”“心未尝不动也，然而有所谓静，不以梦剧乱知谓之静。”（同上）而“虚壹而静”是获得道的基本途径：“未得道而求道者，谓之虚壹而静。”（同上）总之，唯有“虚壹而静”才能正确地认识世界。

虚静同样也可以视为以后佛教思维的重要方式。佛教要超脱现实，就同样需要在清净的状态中认识真理。佛教使人心静的最基本方式就是禅定。通过禅定使人心静，去除杂念，发生智慧。这很类似于庄子的坐忘、心斋。东晋慧远的“禅智并重”、隋代智𫖮的“止观双修”就是如此。到了宋代，程朱理学也将“静”作为一种重要的修养功夫，其提倡“主敬涵养”的修养论，而敬的要旨其实就是静。如朱熹说：“只收敛身心，整齐纯一，不恁地放纵，便是敬。”（《朱子语类》卷十二）又说：“敬只是常惺惺法，所谓静中有个觉处。”（《朱子语类》卷六十二）由此不难看出，不同哲学中的某些基本认知方式又每每是相通的。

知行观

中国古代哲学中的知行观也就是认识与实践的关系，特别是与道德和社会实践的关系。显然，这其中有儒家内圣外王理想的背景，因此这一问题在中国哲学中十分重要。同时，若与西方哲学相比，这一问题也构成了中国哲学一个十分突出的特点。

早期知行观的奠基

对这一问题的关注最早可以追溯到《左传》和古文《尚书》。《左传·昭公十年》记载有一段话："非知之实难，将在行之。"古文《尚书·说命中》则记载有另一段话："非知之艰，行之惟艰。"这两段话都是对经验的总结，意思是说，懂得事情的道理并不困难，但真正实行起来就困难了。

我们应当知道，在古代，知与行往往都是统一的。既使是古代的思想家，也大都不是孤居书斋的独思者，而是现实社会实践活动的参与者，各家各派几乎都是如此。具体而言，如儒家最主要的知行活动是基于社会各种关系的伦理道德。孔子说："入则孝，出则弟"，"行有余力，则以学文。"（《论语·学而》）这里的孝和弟就是知，就是行。而对于墨家来说，生产活动是最为重要的知和行。墨子说："赖其力者生，不赖其力者不生。"（《墨子·非乐上》）也就是说，墨家将劳动视作最根本的知行活动。应当说，儒家的知行活动与墨家的知行活动有着很大的差别，不过，这却并不影响两家都对知行尤其是行给予高度的重视。如儒家有所谓四教："文、行、忠、信。"（《论语·述而》）而墨家则有所谓三知："闻、说、亲。"（《墨经·经上》）在这里，我们都看到了知与行的统一，看到了行或亲身实践的重要性。这样一种观念为当时的思想家所普遍认可，如荀子就明确将实践视为认识发展的最高阶段，他说：

> 不闻不若闻之，闻之不若见之，见之不若知之，知之不若行之。学至于行之而止矣。（《荀子·儒效》）

墨子卷之一

親士第一　沛一

入國而不存其士則亡國矣見賢而不急則緩其君矣非賢無急非士無與慮國緩賢忘士而能以其國存者未曾有也昔者文公出走而正天下桓公去國而霸諸侯越王句踐遇吳王之醜而尚攝中國之賢君三子之能達名成功於天下也皆於其國抑而大醜也太上無敗其次敗而有以成此之謂用民吾聞之曰非無安居也我無安心也非無足財也我無足心也是故君子自難而易彼衆人自易而難彼君子進不敗其志内究其情雖雜庸民終無怨心彼有自信者也是故爲其所難者必得其所欲焉未聞爲其所欲而免其所惡者也是故偪臣傷君諂下傷上君必

明刻本《墨子》（节选）。《墨子》是战国时期墨家代表作，为墨子门徒所编集，原有 71 篇，现存 53 篇。

与此同时，早期思想家还注意到以下两个方面问题。其一，知行的反复性质。如孔子说：“学而时习之，不亦说乎。”（《论语·学而》）王充说：“齐部世刺绣，恒女无不能；襄邑俗织锦，钝妇无不巧。日见之，日为之，手狎也。”（《论衡·程材》）其二，行可以检验知。如韩非说：“试之官职，课其功伐”，“宰相必起于州部，猛将必发于卒伍。”（《韩非子·显学》）

言与行、知与用

值得注意的是，在古代中国哲学中，还有两个与知行观相关的问题，这就是言与行、知与用的关系，这两个问题也都在早期哲学中就有了意识。

关于言行关系，中国的思想家们普遍持这样一个原则，即言论与行为的统一。如孔子说：“今吾于人也，听其言而观其行。”（《论语·公冶长》）“君子耻其言而过其行。”（《宪问》）墨子说：“言必信，

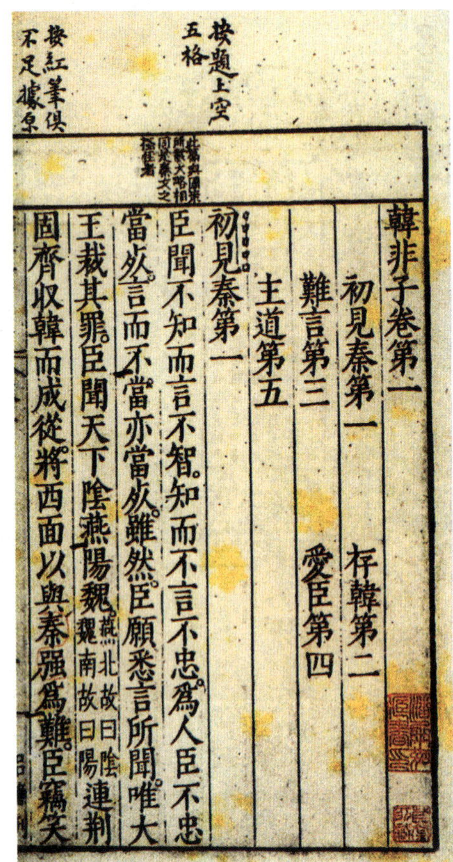
韓非子卷第一
初見秦第一　存韓第二
難言第三　愛臣第四
主道第五
初見秦第一
臣聞不知而言不智知而不言不忠爲人臣不忠
當死言而不當亦當死雖然臣願悉言所聞唯大
王裁其罪臣聞天下陰燕陽魏燕北故曰陰魏南故曰陽連荆
固齊收韓而成從將西面以與秦強爲難臣竊笑

明万历刻本《韩非子》（节选）。《韩非子》是先秦法家集大成者韩非的著作，又称《韩子》，春秋战国时期法家思想的主要代表作之一。

行必果，使言行之合，犹合符节也。”（《墨子·兼爱下》）“政者，口言之，身必行之。”（《公孟》）荀子甚至这样说：

> 口能言之，身能行之，国宝也。口不能言，身能行之，国器也。口能言之，身不能行，国用也。口言善，身行恶，国妖也。（《荀子·大略》）

可以看出，古代中国哲人对于实践与言论统一的问题非常重视，甚至将其上升到道德的高度加以考虑。其实，言行统一的确就是一种古老的道德准则，它叫做“信”。如儒家的“文、行、忠、信”，墨子的“言必信，行必果”。并且，在古代，这种道德准则与认识准则是相一致的，即德与智的统一。

同时，古代中国哲人又认为，学习知识并不是目的，真正的目的是如何将所学知识用于实践。如孔子讲：“诵诗三百，授之以政，不达；使之四方，不能专对；虽多，亦奚以为。”（《论语·子路》）墨子讲：“（言）不足以举行而常之，是荡口也。”（《墨子·耕柱》）战国末期，韩非对这一问题作了更为明确的阐释。他这样比喻道：

> 夫言行者，以功用为之的彀者也。夫砥砺杀失而以妄发，其端未尝不中秋毫也，然而不可谓善射者，无常仪的也。设五寸之的，引十步之远，非羿、逢蒙不能必中者，有常也。故有常则羿、逢蒙以五寸的为巧，无常则以妄发之中秋毫为拙。今听言观行不以功用为之的彀，言虽至察，行虽至坚，则妄发之说也。（《韩非子·问辩》）

以后王充也说："凡贵通者，贵其能用之也。即徒诵读，读诗讽术，虽千篇以上，鹦鹉能言之类也。"（《论衡·超奇》）显然，中国古代哲人已充分意识到通过实践来实现理论是学习知识的真正目的所在。

朱熹（1130—1200），字元晦，号晦庵，徽州婺源（今属江西）人，南宋思想家、诗人、哲学家，理学代表人物之一。

朱熹的知行观

至宋明时期，有关知行关系的认识获得了更充分和深入的发展，其中朱熹是这一时期最有代表性的人物。朱熹的思想大致可以归纳为以下两个方面：

第一，"知行常相须"。朱熹在注释《中庸》"博学之，审问之，慎思之，明辨之，笃行之"这段话时，将其合并为知与行两个方面，他说："学、问、思、辨，所以择善而为知，学而知也。笃行，所以固执而为仁，利于行也。"（《中庸章句》）这就是说学、问、思、辨是认识有关道德的知识，而行则是践行这种知识。进而，朱熹以为知与行是互相依赖、不可偏废的。他指出：

> 知行常相须，如目无足不行，足无目不见。（《朱子语类》卷九）

中庸章句序
中庸何爲而作也子思子憂道學之
失其傳而作也蓋自上古聖神繼天
立極而道統之傳有自來矣其見於
經則允執厥中者堯之所以授舜也
人心惟危道心惟微惟精惟一允執
厥中者舜之所以授禹也堯之一言
至矣盡矣而舜復益之以三言者則

《四书集注》之中庸章句序，明刊，宋代朱熹撰。《四书集注》全称《四书章句集注》，是集《大学》、《中庸》、《论语》、《孟子》与"五经"于一体的巨作，是一部儒家理学的名著。在这部著作中，朱熹首次将《礼记》中的《大学》、《中庸》与《论语》、《孟子》并列，将《大学》、《中庸》中的注释称为"章句"，而《论语》、《孟子》中的注释集合了众人说法，称为"集注"。

这里的"须"即需要、依赖的意思。朱熹还说："致知、力行，用功不可偏，偏过一边，则一边受病。"（同上）"知之愈明，则行之愈笃；行之愈笃，则知之益明。"（《朱子语类》卷十四）显然，朱熹有关"知行常相须"的观点包含了对这两者之间辩证关系的深刻认识。

第二，"知先行后"与"行重知轻"。紧接着，朱熹又对知行的地位作了论述。其讲：

> 论先后，知为先；论轻重，行为重。（《朱子语类》卷九）

这是说，以先后过程而言，知在前面；而以重要意义而言，则行更根本。为什么知在前面呢？朱熹说："须先致知而后涵养。"（同上）又说："义理不明，如何践履？"并举例道："如人行路，不见便如何行？"（同上）反之，朱熹以为："穷理既明，则理之所在，动必由之。"（《朱文公文集》卷四十一）这即是说，不知便不能行，而有知则必能行。那为什么行更重要呢？这是因为在朱熹看来，知并不是目的，而行才是目的。朱熹讲："圣贤教人必以穷理为先，而力行以终之。"（同上书，卷五十四）朱熹还认为，究竟是否真正把握知识，也只能通过行来检验。"知而未能行，乃未得之于己，此所谓知者亦非真知也。真知则未有不能行者。"（同上书，卷七十二）需要指出的是，朱熹所说的知与行主要是指道德知识和实践。应当说，朱熹以上观点在一定程度上是合理的，因为对于孩童来说，首先或更多地是在教或学，但教与学的最终目的是为了行。当然，朱熹的认识也有明显的不足，由于过多地局限于道德问题，因此未能注意到在更广阔范围内行的优先地位。

王阳明（1472—1529），名守仁，字伯安，浙江余姚人。明代哲学家、教育家，著有《传习录》、《〈大学〉问》、《阳明先生文录》等。

王阳明的知行观

王阳明的知行观在很大程度上是针对朱熹的知行观而提出的，并且同样有着代表性。具体来说，王阳明的知行观也可以概括为两方面内容：

第一，"知行合一"。朱熹讲"知先行后"，这在一定程度上有割裂知行的倾向。针对这一点，王阳明提出了"知行合一"的理论。王阳明说："知行功夫本不可离……故有合一并进之说。"（《传习录中》）那么如何叫合一呢？王阳明说：

> 知是行的主意，行是知的功夫；知是行之始，行是知之成。（《传习录上》）

知之真切笃实处即是行；行之明觉精察处即是知。（《传习录中》）

王阳明为此还解释道："知行原是两个字说一个工夫。这一个工夫，须著此两个字，方说得完全无弊病。"（《答友人问》）从这些论述中我们可以清楚地看到王阳明的观点：知与行是互相包含、互相渗透的。知中有行，行中有知，知在行内，行在知内。总之，知与行是不可分离的。应当说，这一观点包含了相当的合理成分。

第二，"行而后知"与"知即是行"。以"知行合一"作为基础，王阳明十分强调"行"在认识中的作用。我们看到，与朱熹不同，王阳明认为行应在知先。他举例说："食味之美恶，必待入口而后知。岂可不待入口而已先知食味之美恶者邪！"（《传习录中》）要了解食物味道的好坏，必须亲口尝尝才能知道。类似的例子王阳明还举过许多。如一个人学射，只有"张弓挟矢，引满中的"，才说得上是学了射；一个人学书，只有"伸纸执笔，操觚染翰"，才说得上是学了书；一个人学孝，只有"服劳奉养，躬行孝道"，才说得上是学了孝。因此，"尽天下之学，无有不行而可以言学者"（同上）。我们看到，王阳明的这些论述包含了认识来源于实践的思想。但我们又看到，王阳明这种对于行的重视又导致了理论上的谬误。与朱熹一样，在王阳明这里，行也是指道德实践。因此在王阳明看来，人的一行一止、一举一动都直接关涉到伦理道德。他说："见好色属知，好好色属行，只见那好色时已自好了，不是见了后又立个心去好。"（《传习录上》）王阳明的思想很清楚，即强调行为起端的重要性和正确性。也正因此，王阳明又提出：

一念发动处便即是行了。（《传习录下》）

但这一观点恰恰陷入了一个谬误，即以主观动机也即意志、精神来等同或代替行，而这无疑是典型的唯心主义观点。

王夫之（1619—1692），字而农，号姜斋，别号一壶道人，人称船山先生，湖南衡阳人，明末清初思想家、哲学家。他对宋明理学进行了批判性的总结，形成了中国古典哲学体系。主要著作有《周易外传》、《周易内传》、《尚书引义》等。

王夫之的知行观

明清之际的王夫之是站在更高的高度来审视知行问题的。他注意汲取前人的合理成分，同时又批评他们的不足，最终形成自己十分完整的知行观。王夫之对于知行的认识主要包括如下内容：

第一，“知行之分”、“相资为用”。一方面，王夫之以为朱熹的“知先行后”有把知与行截然分开的倾向，这是不对的。在王夫之看来，知与行是互相渗透和相互包含的。他说：“若逐项下手工夫，则致知格物亦有行，诚意以下至平天下亦无不有知。”（《读四书大全说·大学》）但另一方面，王夫之也不同意王阳明的“知行合一”说，强调知与行毕竟是两个不同的范畴，有着不同的内容和功效。他说：“知行之分，有从大段分界者，则如讲求义理为知，应事接物为行是也。”（《读四书大全说·中庸》）我们看到，王夫之明显地汲取和批评了朱熹与王阳明两人知行观的合理成分和不足之处：前者注意分，但却忽略合；后者注意合，却又忽略分。在此基础上，王夫之提出：

> 知行相资以为用，惟其各有致功，而亦各有其效故相资以互用，则于其相互，益知其必分矣。（《礼记章句·中庸》）

这即是说，知行各有自己的功效，因此其有所区别，也因此其又相资互用。同时王夫之还指出，知行关系是处于动态变化之中的：“由知而知所行，由行而行则知之，亦可云并进而有功。”（《读四书大全说·论语·为政》）这就是说，知行是一个交替循环、不断发展、日趋完善的过程。这样，王夫之便对知与行的辩证关系作了十分科学的论述。

第二，“知以审行”与“行可兼知”。接下来，王夫之分别对知行的地位和作用作了论述。王夫之讲：“君子之知，以审行也。”（《诗广传》卷一）这是说，知对行具有指导意义。“夫人必知之而后能行之，行者皆行其所知者也。”（《四书训义》卷二十）人只有知了才能行。王夫之还指出：

其知也愈广大愈精微，则行之合辙者愈高明愈博厚矣。（《读四书大全说·论语·为政》）

知越是广博深刻，则行越是正确合理。不过，王夫之更加重视行，以为行比知更重要，为此他提出了“行可兼知”的理论。王夫之说：

行可兼知，而知不可兼行。（《尚书引义·说命中二》）
凡知者或未能行，而行者则无不知。（《读四书大全说·论语·卫灵公》）

具体地，王夫之又从以下一些方面论述了行的重要地位和作用：(1) 行而后知，也即行是知的来源。王夫之讲：“行而后知有道。”（《思问录·内篇》）这样，王夫之便将行视作知的基础。(2) 知终于行，也即行是知的目的。王夫之讲：“知之尽，则实践之而已。”（《张子正蒙注·至当》）这里还明确使用了实践这一概念。(3) 知以行为功，以行为效。王夫之说：“且夫知也者，固以行为功者也。”（《尚书引义·说命中二》）又说：“行焉可以得知之效。”（《四书训义》卷九）这里所谓功和效也包括对知加以检验的意思。如此，王夫之就将行置于一个能够包括或涵盖知的更高的阶段。总之，由以上考察不难看出，王夫之的知行观达到了一个相当的高度。即便是考虑近代中国与西方哲学，这一知行观的思想深度也同样是十分出色的。

附录：中国历史年代简表

旧石器时代	约 170 万年前—1 万年前
新石器时代	约 1 万年前—4000 年前
夏	约公元前 2070 年—公元前 1600 年
商	公元前 1600 年—公元前 1046 年
西周	公元前 1046 年—公元前 771 年
春秋	公元前 770 年—公元前 476 年
战国	公元前 475 年—公元前 221 年
秦	公元前 221 年—公元前 206 年
西汉	公元前 206 年—公元 25 年
东汉	公元 25 年—公元 220 年
三国	公元 220 年—公元 280 年
西晋	公元 265 年—公元 317 年
东晋	公元 317 年—公元 420 年
南北朝	公元 420 年—公元 589 年
隋	公元 581 年—公元 618 年
唐	公元 618 年—公元 907 年
五代	公元 907 年—公元 960 年
北宋	公元 960 年—公元 1127 年
南宋	公元 1127 年—公元 1279 年
元	公元 1206 年—公元 1368 年
明	公元 1368 年—公元 1644 年
清	公元 1616 年—公元 1911 年
中华民国	公元 1912 年—公元 1949 年
中华人民共和国	公元 1949 年成立